001ts Abb.: pt

Reise Know-How im Internet

Aktuelle Reisetipps und Neuigkeiten
Ergänzungen nach Redaktionsschluss
Büchershop und Sonderangebote
Weiterführende Links zu über 100 Ländern

www.reise-know-how.de
info@reise-know-how.de

Wir freuen uns über Anregung und Kritik.

REISE KNOW-HOW

Pia Thauwald

Transsib – von Moskau nach Peking

„In ein fremdes Kloster
geht man nicht mit seinem Gesetzbuch."

Russisches Sprichwort

Impressum

Wir freuen uns über Kritik, Kommentare und Verbesserungsvorschläge.

Alle Informationen in diesem Buch sind von der Autorin mit größter Sorgfalt gesammelt und vom Lektorat des Verlages gewissenhaft bearbeitet und überprüft worden.

Da inhaltliche und sachliche Fehler nicht ausgeschlossen werden können, erklärt der Verlag, dass alle Angaben im Sinne der Produkthaftung ohne Garantie erfolgen und dass Verlag wie Autorin keinerlei Verantwortung und Haftung für inhaltliche und sachliche Fehler übernehmen.

Die Nennung von Firmen und ihren Produkten und ihre Reihenfolge sind als Beispiel ohne Wertung gegenüber anderen anzusehen. Qualitäts- und Quantitätsangaben sind rein subjektive Einschätzungen der Autorin und dienen keinesfalls der Bewertung von Firmen oder Produkten.

Pia Thauwald
Transsib – von Moskau nach Peking
erschienen im
Reise Know-How Verlag Peter Rump GmbH
Osnabrücker Straße 79, 33649 Bielefeld

Herausgeber: Klaus Werner

1. Auflage 2002

Gestaltung
Umschlag: G. Pawlak, P. Rump (Layout), K. Werner (Realisierung)
Inhalt: G. Pawlak (Layout), K. Werner (Realisierung)
Fotos: die Autorin
Stadtpläne: Th. Buri (tb), der Verlag

Druck und Bindung
Fuldaer Verlagsagentur

ISBN 3-8317-1048-1
Printed in Germany

Dieses Buch ist erhältlich in jeder Buchhandlung der BRD, Schweiz und Niederlande sowie Österreichs und Belgiens. Bitte informieren Sie Ihren Buchhändler über folgende Bezugsadressen:

BRD
Prolit GmbH, Postfach 9, 35461 Fernwald (Annerod)
sowie alle Barsortimente

Schweiz
AVA-buch 2000, Postfach 27, CH–8910 Affoltern

Österreich
Mohr Morawa Buchvertrieb GmbH
Sulzengasse 2, A–1230 Wien

Niederlande, Belgien
Willems Adventure
Postbus 403, NL-3140 AK Maassluis

Wer im Buchhandel trotzdem kein Glück hat, bekommt unsere Bücher direkt bei: **Rump Direktversand,** Heidekampstraße 18, D–49809 Lingen (Ems) oder über unseren **Büchershop im Internet: www.reise-know-how.de**

Pia Thauwald

Transsib – von Moskau nach Peking

Inhalt

Verzeichnis der Stadtpläne und Landkarten

Vorwort

Für manche ist der Mythos Transsibirische Eisenbahn eines der wenigen Abenteuer der zivilisierten Welt, für andere jedoch eine weite, beschwerliche Reise mit Abstrichen vom gewohnten Standard zu ungleich hohen Kosten. Wer es auf der langen Fahrt wie zu Hause haben möchte, der verschwende sein Geld nicht für diese Reise. Unvoreingenommene mit dem ehrlichen Wunsch, mehr über die Menschen und ihre Heimat zu erfahren, sollten jedoch ihre Koffer packen. Andere Völker haben oft andere Zeitbegriffe als wir, genau wie sie auch andere Gerichte, Sitten und Bräuche haben.

Wer offen für alles ist und ohne vorgefasste Meinungen in den Zug steigt, der wird bereichert werden.

Unbestritten ist die Transsib die legendärste und längste Eisenbahnroute der Welt, der Traum aller Eisenbahnfans und Weltenbummler. Seit die Strecke zu Beginn des 20. Jahrhunderts für den Verkehr zwischen Europa und dem Fernen Osten frei gegeben wurde, und somit Europa mit Asien verbindet, übt sie eine magische Anziehungskraft auf viele Reisende aus.

Die Transsib hat alle politischen Veränderungen der letzten hundert Jahre fast schadlos überstanden. Im doppelten Sinne ist hier der Weg das Ziel und man erlebt neue Dimensionen fernab der Hektik des Alltags. Gewiss, moderne Flieger legen die Strecke in ca. zehn Stunden zurück, aber welche wichtigen, prägenden Eindrücke bleiben so versagt! Die Bahnfahrt zwischen den Kontinenten, die Faszination der endlosen Weiten, das Begreifen unseres kleinen Lebensradius auf dieser großen Welt und das Erleben ganz anderer Werte und Wirklichkeiten machen einen nicht unbedeutenden Teil des Gesamteindrucks aus. Auch sind die Zeiten überfüllter und verschmutzter Züge vorbei, seit die Transsib mehr und mehr ausländische Touristen mit Geld ins Land bringt.

Der Schienenstrang zieht entspannt an russischen Dörfern mit traditionellen Holzhäusern, an den unendlichen Birkenwäldern der Taiga, an sanften Hügellandschaften und beeindruckenden Bergen, an Steppen, der Wüste und reißenden, großen Flüssen vorbei. Bei einem Glas Tee oder in fröhlicher Wodkarunde kommt man ins Gespräch mit anderen Reisenden und wird nachts durch das gleichmäßige Rattern des Zuges in den Schlaf gewiegt. Viele interessante Stopps entlang der Trasse laden zum Aussteigen, Besichtigen und zu Begegnungen ein. Schon im Zug kann man die Köstlichkeiten der verschiedenen landestypischen Küchen erahnen, in den jeweiligen Ländern probieren. Deutlich werden die fließenden Übergänge der unterschiedlichen Landschaften, Kulturen und ethnischen Gruppen. Das Bekannte weicht langsam dem Unbekannten und weckt beständig die Neugier.

Die Transsib ist eine Strecke verschiedener globaler und lokaler Rekorde, darunter der einzige marmorne Bahnhof der Welt, der tiefste See und das größte Süßwasserreservoir der Erde sowie einige der längsten Flüsse und Brücken, die größte Steppenwüste und das bevölkerungsreichste Land – um nur einige Beispiele zu nennen.

Das vorliegende Buch soll neugierig auf den legendären Schienenstrang machen und Anregungen geben, welche Zwischenstopps und Sehenswürdigkeiten empfehlenswert sind. Übersichtlich und kompakt sind die Besonderheiten der drei Reiseländer zusammengefasst. Praktisch und nachvollziehbar werden Planung und Durchführung von Gruppen- und Individualreisen dargestellt. So erweist sich dieses Buch als sachkundiger Ratgeber für alle, die sich auf das Abenteuer Transsib einlassen wollen.

Pia Thauwald

Danksagung

Mein herzlicher Dank gilt allen, die mich bei der Entstehung dieses Buches unterstützt haben. Hervorzuheben ist Ulf Brand, der mich seit Jahren auf verschiedensten Reisen begleitet und sich, nicht ganz ohne Vorbehalte, auch auf dieses Abenteuer eingelassen hat. Er hat mich tatkräftig sowohl der bei Recherche als auch beim Korrekturlesen unterstützt. Ein Dankeschön an Dr. Judith Peltz für die fachkundige, engagierte Begleitung der Reise, an Francis Pilet für die vielen praktischen Tipps bei der fotografischen Umsetzung und an die tollen Menschen, die auf über neuntausend Kilometern oft zu Freunden geworden sind.

002ts Abb.: pt

Die Transsibirische Eisenbahn

Geschichte der Transsib

Die Idee

Bereits Mitte des vergangenen Jahrhunderts wurde der Gedanke, eine Eisenbahnlinie quer durch Sibirien zu bauen, durch die Generalgouverneure von Omsk und Irkutsk laut. Die Sibirier wollten ihre Städte per Bahn mit der westlichen Wirtschaft verbinden. Aber erst die Vollendung der Eisenbahnlinien durch Amerika 1869 und durch Kanada 1885 sowie der Amtsantritt des Zaren Alexander III. im Jahre 1881 verhalfen dem Projekt zum Durchbruch.

Mit den Worten „Es ist Zeit, es ist allerhöchste Zeit" genehmigte der Zar das Jahrhundertprojekt „Transsibirische Eisenbahn".

Da der Ural bereits mit Moskau verbunden war, sollte das Stück zwischen den Städten Tscheljabinsk im Ural und Wladiwostok am Pazifik geschlossen werden. Doch dazwischen lagen unbewohnte Steppe, Dauerfrostboden und der Baikalsee – die Russen hatten sich etwas vorgenommen.

Die Abschnitte

Die Transsib wurde in den verschiedenen Regionen zeitgleich gebaut. Diese Bauabschnitte gaben den Eisenbahnverwaltungen später ihre Namen. So entstanden die Westsibirische-, die Mittelsibirische-, die Baikal-, die Transbaikal-, die Amur- und die Ussuri-Bahn. Auch heute gibt es diese Bahnverwaltungen mit eben diesen Namen noch.

Im Mai 1891 begann man zeitgleich im Osten und im Westen mit dem Bau der Strecke. Der damalige Zarenthronfolger Nikolaj II. tat den ersten Spatenstich in Wladiwostok, um anschließend nach Moskau zu reisen. Diese Reise dauerte damals drei Monate.

Im August 1897 wurde die Ussuri-Bahn dem öffentlichen Verkehr als erstes Teilstück übergeben. Von 1892–1895 baute man an der Westsibirischen Eisenbahn, von Tscheljabinsk bis zum linken Ob-Ufer.

Die Mittelsibirische Eisenbahn, vom rechten Ufer des Ob bis zum Baikalsee, wurde 1889 nach fünf Jahren Arbeit fertiggestellt. Bereits 1895 begann man am anderen Ende des Baikals mit dem Bau der Transbaikal-Bahn. Dieser Abschnitt sollte ebenfalls nach fünf Jahren fertig sein.

Die Baikalregion

Die bergige Gegend um den Baikalsee machte eine Weiterführung der Eisenbahnlinie unmöglich, so dass man sich für eine Fährverbindung über den See entschied. 1893 wurden bei der Werft Armstrong & Co. in Glasgow zwei Fährschiffe bestellt, die 1900 gebaut waren. Bereits fertig in Schottland stehend, mussten beide Schiffe wieder demontiert und in Kisten verpackt nach Sibirien versandt werden. In Listvjanka, bei Irkutsk, wurden sie wieder montiert. Das große Schiff, die „Baikal", war 88 m lang und fasste 25 Eisenbahnwaggons, 200 Passagiere und 750 Tonnen Nutzlast. Es existiert heute nicht mehr. Das kleinere, die „Angara", kann man heute noch in Irkutsk besichtigen.

Die Fährverbindung war nur praktikabel während der neunmonatigen eisfreien Periode des Baikals. Im Winter wurden spezielle Schlitten eingesetzt, um die Waggons über das meterdicke Eis zu transportieren. Während des russisch-japanischen Krieges wurden sogar Gleise auf dem Eis verlegt, um die Versorgung im Osten zu beschleunigen.

Trotzdem blieb der Baikal das Nadelöhr auf dem Weg nach Osten. Nachdem Russland den Krieg verlor, sollte auch diese strategische Schwachstelle beseitigt werden. So wurde zwischen 1902 und 1905 mit viel Mühe und unter großem Aufwand die Umgehungsstrecke am Ufer des Baikals, die Baikalbahn, gebaut.

Streckenführung durch chinesisches Gebiet

Ebenso schwierig zeigte sich das Land zwischen dem Baikalsee und Chabarowsk. Dauerfrostboden, die kältesten Winter Sibiriens und häufige Überschwemmungen auf dieser Strecke gaben Anlass, auch hier über Alternativen nachzudenken. So passte es, dass sich China, nach einem verlorenen Krieg mit Japan, in geschwächter Lage befand. Diesen Zustand nutzte Russland als starker Nachbar, um über einen Eisenbahnkorridor durch Ostchina zu verhandeln. Man einigte sich auf einen Pachtvertrag über 25 Jahre für diese Verbindung nach Wladiwostok.

Nachdem aber der eigene Krieg gegen Japan verloren ging, befürchteten die russischen Verantwortlichen, dass Japan China besetzen könnte und damit die einzige innerrussische Verbindung vom Ural zum Pazifik unterbrechen könnte. Man entschloss sich schließ-

BAM

Die Baikal-Amur-Magistrale ist eine parallel zur Transsib verlaufende Bahnlinie. Sie wurde zwischen 1974 und 1984 erbaut und verbindet über eine Strecke von 3500 km Teischet mit den Häfen des Pazifik. Die BAM, auch „Jahrhundertbauwerk" genannt, durchquert Gebiete, die damals unbesiedelt waren und machte deren wirtschaftliche Erschließung erst möglich. Sie entlastete die stark frequentierte Transsib und schaffte einen zweiten, deutlich kürzeren Zugang zum Pazifik. Dieser wurde durch die extremen Witterungsverhältnisse sehr erschwert, die Strecke führte durch erdbebenreiche Regionen und große Gebirge, für deren Überwindung neun Tunnel mit einer Gesamtlänge von 32 km sowie 2300 Brücken gebaut werden mussten.

lich doch, die aufwändige innerländische Verbindung, die Amur-Bahn, zu bauen. Die Arbeiten an ihr wurden im Jahre 1907 aufgenommen und neun Jahre später mit der Fertigstellung der Amurbrücke bei Chabarowsk beendet. Die Transsibirische Eisenbahn war somit durchgängig fertiggestellt. 90.000 Arbeiter waren zeitweise gleichzeitig mit dem Bau der Transsib beschäftigt. Auf Grund der dünnen Besiedlung Sibiriens waren dies hauptsächlich Kosaken, Bauern, Sträflinge, Chinesen und Gastarbeiter aus Italien und der Türkei.

Verkehrsmittel

Bis 1905 wurde bereits vom Ural bis Irkutsk zweigleisig gefahren. Die zweite Spur bis zum Pazifik wurde in den 30er Jahren vervollständigt. Mitte der 20er Jahre befuhr man die Strecke mit Dieselloks aus Deutschland. In den Dreißigern erprobte man auf Strecken im Ural die Elektrifizierung, die schließlich bis 1961 auf der Strecke Moskau – Irkutsk durchgängig eingerichtet war.

Heute ist die Strecke komplett elektrifiziert. Die E-Loks stammen aus russischer oder tschechischer Produktion, wobei die Waggons allesamt im Waggonbau Ammendorf, bei Halle an der Saale, gebaut wurden. Auch durch die neue Zeit hat sich an dieser Zusammenarbeit scheinbar nichts verändert. An allen Waggons, mit denen ich fuhr, entdeckte ich ein Schild mit der Aufschrift „Renoviert durch die Waggonbau GmbH Ammendorf".

Streckenverlauf und Routen

Fernost-Route
Moskau – Wladiwostok (Länge: 9288 km)

Die Fernost-Route ist die eigentliche und ursprüngliche Route der Transsibirischen Eisenbahn, die anderen wurden erst später gebaut. Die Fahrzeit von Moskau nach Wladiwostok beträgt sieben Tage und Nächte. Von Irkutsk aus führt die Strecke nach Ulan Ude und dann über Tschita und Chabarowsk bis nach Wladiwostok am Pazifik.

Die Transmandschurische Bahn
(Länge: 6307 km, von Moskau 9025 km)

Von Ulan Ude führt die Strecke über Tschita zum russischen Grenzort Zabaikalsk und von dort zur chinesischen Grenzstation Manzhouli. Wenn der Zug von der russischen Breitspur auf die chinesische Schmalspur umgerüstet wird, sollte man die Zeit zum Aussteigen und

011ts Abb.: pt

▲*Auf der Strecke werden durchgehend E-Loks eingesetzt*

Umschauen nutzen, denn das Ganze kann drei Stunden dauern. Auf dem Abschnitt der ehemaligen ostchinesischen Eisenbahn gelangt man über Harbin und Shenyang nach Peking. Besonders interessant ist die Passage in Shanhaiguan, wo die Chinesische Mauer direkt im Meer endet. Obwohl sie sich auf chinesischem Territorium befindet, wird die Strecke ausschließlich von der russischen Staatsbahn befahren.

Die Transmongolische Bahn (Länge: 2225 km, von Moskau: 7865 km)

Nach der Abfahrt in Irkutsk verläuft die Strecke über 200 km am Ufer des Baikalsees. Nach 450 km erreicht sie Ulan Ude, die Hauptstadt Burjatiens. Hier trennen sich die Routen in die transmongolische und die transmandschurische sowie ab Tschita in die Fernost-Route nach Wladiwostok.

801ts Abb.: bu

Die Transmongolische Route führt von Ulan Ude zur **Grenzstation** zwischen Russland und der Mongolei, Nauschki. Von Suche Baatar, dem Grenzort auf mongolischer Seite, fährt der Zug durch die weiten Steppen der Mongolei bis zur Hauptstadt **Ulan Bator.** Hier sollte unbedingt ein längerer Aufenthalt geplant werden, denn für Durchreisende der Züge Nr. 3 und 4 bleiben nur 30 Minuten, um sich ein wenig am Bahnhof umzuschauen.

Wer einen Zwischenstopp einlegt, hat zwei Mal wöchentlich die Möglichkeit, nach Peking weiterzufahren. Die Strecke führt über die Südausläufer der Wüste Gobi zum Grenzort Erlian und über Datong nach Peking. Die Entfernung von Ulan Bator nach Peking beträgt 1561 km und wird in eineinhalb Tagen bewältigt. Die Route wird bis zur Grenze von der mongolischen Staatsbahn befahren. Dort wird sie auf die chinesische Spurbreite umgestellt. Dazu werden die Waggons entkoppelt, einzeln angehoben und die kompletten Fahrwerke ausgetauscht. Ab Erlian verkehrt die chinesische Staatsbahn.

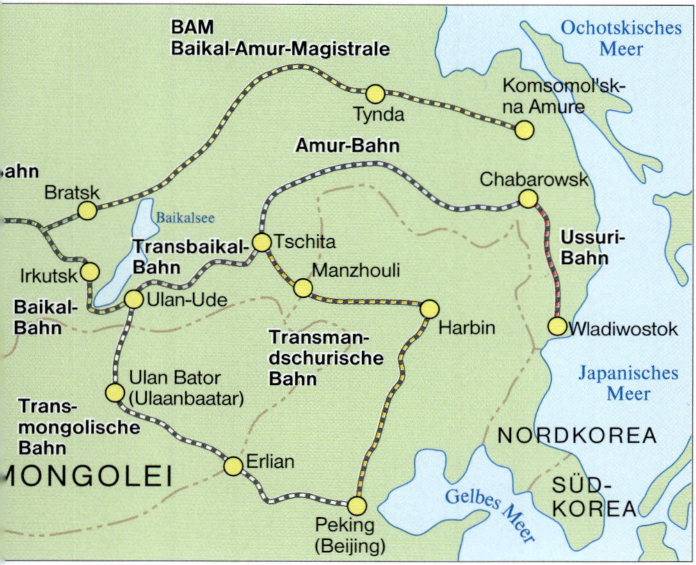

003ts Abb.: pt

Reisevorbereitung

Anreise nach Moskau

Verschiedene deutsche **Airlines** bieten neben Charterflügen nach Moskau auch weitere in 30 Städte Russlands und der GUS an. Die Flugzeit von Deutschland nach Moskau beträgt etwa zwei Stunden. Man landet auf dem Flughafen Scheremedjewo, dem internationalen Airport Moskaus.

Denkbar ist auch die **Anreise auch mit der Bahn.** Man sollte sich diese Möglichkeit allerdings gut überlegen, denn die Zugfahrt von Berlin-Lichtenberg über Warschau, Brest und Minsk nach Moskau dauert ca. 25 Stunden. Die Züge verkehren täglich, ganzjährig und kommen auf dem Bjelorussischen Bahnhof in Moskau an. Am schnellsten gelangt man von dort mit der Metro zum Jaroslawer Bahnhof, von wo die Züge der Transsib abfahren. Bahnfahrkarten nach Sibirien können im Intourist-Büro am Bjelorussischen Bahnhof oder an der Ausländerkasse des Jaroslawer Bahnhofs erworben werden.

Die Einreise mit dem **eigenen PKW** ist praktisch machbar, aber nicht besonders sinnvoll. Neben einem internationalen Führerschein, der internationalen Zulassung und einer Auslandshaftpflichtversicherung wird jedoch nichts weiter benötigt. Beim Einstieg in die Transsib muss das Fahrzeug allerdings zurückbleiben, denn einen Autozug gibt es nicht.

Rückreise von Peking

Für die Rückreise ist nur ein Flug wirklich sinnvoll. Nach Deutschland benötigt man circa zehn Stunden. Der Pekinger Flughafen ist gut zu erreichen, modern und sicher. Wegen der langen Flugdauer und der meist geringen Beinfreiheit sollten Kompressionsstrümpfe getragen werden. Das Trinken von Mineralwasser und häufiges Aufstehen und Bewegen der Beine beugen einer Thrombose vor.

Reisezeit

Die tatsächlich beste Reisezeit gibt es nicht. Jede Jahreszeit hat ihre Faszination. Für den einen ist das winterliche Sibirien beeindruckend und sehenswert. Der andere liebt den Frühling, wenn der Schnee schmilzt und die Natur erwacht. Der nächste möchte gern im Sommer reisen, wenn es warm und sonnig ist oder im frühen Herbst, wenn die endlosen Wälder der Taiga in bunte Farbenpracht getaucht sind.

Die Sommermonate, von Mitte Juni bis Mitte September, sind jedoch eine gute Reisezeit für die Transsib. In Russland, besonders ausgeprägt aber in Sibirien, herrscht kontinentales Klima. Im Winter ist es bei Temperaturen von durchschnittlich −5 bis −20 °C frostig kalt, im Sommer hingegen ist es meist sonnig und bis zu 30 °C warm. In der Mongolei ist der bis zu 25 °C warme Sommer ähnlich kurz wie in Sibirien. Der eisig kalte Winter dagegen hält sechs Monate lang an.

Die besten Reisezeiten für China sind normalerweise Frühling und Herbst, denn im Norden Chinas herrscht im Sommer eine extrem hohe Luftfeuchtigkeit, d. h. es ist heiß und regnerisch. Daher muss der Transsibreisende bezüglich optimaler klimatischer Verhältnisse einen Kompromiss eingehen. Wer die sibirische und mongolische Kälte im langen Winter meiden möchte, muss dafür das schwülwarme Wetter in China in Kauf nehmen. Mit der richtigen Kleidung ist jedoch alles gut zu bewältigen.

Gruppen- oder Individualreise?

Ob man sich für eine Gruppen- oder eine Individualreise entscheidet, sollte gut durchdacht sein. Im Folgenden finden sich einige Entscheidungshilfen.

Pauschal gebuchte Reise

Bei der pauschal gebuchten Gruppenreise übernimmt der Veranstalter die gesamte Organisation. Notwendige Visa werden beschafft sowie Flüge, Hotels, Verpflegung, Dolmetscher, Besichtigungen usw. gebucht. Ohne große Vorbereitung kann die Reise begonnen und der Urlaub genossen werden. Auch ist es nicht erforderlich, die Landessprache zu beherrschen, da die Gruppe ständig von einem **Reiseleiter** begleitet wird, der zusätzlich von Reiseleitern vor Ort unterstützt wird. Häufig jedoch ist das Programm umfangreich, Kontakt zu Ein-

012ts Abb.: pt

heimischen fast unmöglich und Zwischenstopps können nicht nach eigenen Wünschen eingeschoben oder verlängert werden. Für viele **Gruppen** scheint es zudem problematisch, die langen Tage und Nächte im Zug, auf sehr beengtem Raum, konfliktfrei zu überstehen. Besonders anfällig sind Reisende in Vier-Bett-Abteilen. Pauschalangebote sind in der Regel günstiger als Individualreisen.

Individualreise

Individualreisen sind erst seit den 90er Jahren nach Russland und in die Mongolei, nach China bereits seit den 80er Jahren möglich. Allerdings sollten Sie dafür Grundkenntnisse der russischen und englischen **Sprache** besitzen. Kyrillische Buchstaben lesen zu können ist unabdinglich und lässt sich mit einem Aufwand von wenigen Stunden bewerkstelligen. Es wird sonst kaum möglich sein, Straßenschilder, Orte auf dem Zugfahrplan oder Ähnliches zu lesen. In der Mongolei sprechen viele Menschen, gerade in s Bator, als Zweitsprache noch Russisch und man verwendet grundsätzlich kyrillische Schriftzeichen. Nicht erst seit dem Zuschlag für die Olympischen Spiele 2008 in

013ts Abb.: pt

◀ *Ob allein oder in der Gruppe – schnell bekommt man Kontakt zu anderen Menschen*

China lernt man dort begeistert Englisch. In Peking kann man sich damit vor allem bei jungen Leuten gut durchfragen. Häufig ist auch zweisprachig ausgeschildert.

Der Vorteil des Individualreisens liegt darin, Zwischenstopps beliebig wählen, verlängern und nach den eigenen Interessen ausrichten zu können. Der Reisende ist an keine Gruppe gebunden und kann sich Zeit für Kontakte zu Einheimischen nehmen.

Bei Individualreisen kommt es nicht selten zu großen **Preisunterschieden.** Mit einem Touristenvisum kann man im Prinzip überall hin reisen. Wer jedoch über ein begrenztes Zeitbudget verfügt, sollte die Reise gut vorbereiten und im Voraus Übernachtungen, Zugfahrkarten, Transfers und Besichtigungspakete buchen. Einzelreisende zahlen dann allerdings einen relativ hohen Preis. Auf Wunsch kann man überall von einem Reiseleiter betreut werden. Wer ein großes Zeitfenster hat, kann sich im Reiseland selbst um Unterkünfte und Zugbuchungen kümmern. Mit Engpässen ist zu rechnen, da die touristische Infrastruktur in der Hochsaison häufig an ihre Grenzen stößt. Auf Kosten des Komforts und durch Verhandlungsgeschick können die Ausgaben gesenkt werden.

Einreise- und Visabestimmungen

Russland

Benötigt wird ein gültiger Reisepass. Zusätzlich besteht sowohl für Ein- und Ausreise als auch für Transitreisen Visapflicht. Man beantragt das Visum bei einer der russischen Auslandsvertretungen. Für Deutsche Touristen besteht eine Krankenversicherungspflicht, daher muss bei der Visabeantragung der Versicherungsschein einer privaten Auslandsreise-Krankenversicherung vorgelegt werden.

Für die Einreise nach Russland erhält man sein Visum nur, wenn der Nachweis von Hotelbuchungen oder Fahrkarten für die Transsib erbracht wird. Das Reisebüro beschafft in der Regel die Visa. Wer sich erst vor Ort um Hotels und Tickets kümmern will, braucht eine von örtlichen Behörden bestätigte private Einladung.

Diplomatische Vertretungen Russlands in Deutschland

- Botschaft der Russischen Föderation, Unter den Linden 63–65, 10117 Berlin, Tel. (030) 2 29 11 10.
- Botschaft der Russischen Föderation, Visaabteilung, Behrenstr. 15, 10117 Berlin, Tel. (030) 8 32 70 04.
- Generalkonsulat der Russischen Föderation, Am Feenteich 20, 22095 Hamburg, Tel. (040) 2 27 63 80.
- Generalkonsulat der Russischen Föderation, Kickerlingsberg 18, 04105 Leipzig, Tel. (03 41) 5 92 25 28.
- Generalkonsulat der Russischen Föderation, Seidlstr. 28, 80335 München, Tel. (02 22) 7 12 12 29.

Diplomatische Vertretung Russlands in Österreich

- Botschaft der Russischen Föderation, Reisnerstr. 45–47, A-1030 Wien, Tel. (02 22) 712 12 29.

Diplomatische Vertretung Russlands in der Schweiz

- Botschaft der Russischen Föderation, Brunnaderstr. 53, CH-3006 Bern, Tel. (031) 3 52 05 67.

Mongolei

Für die Einreise in die Mongolei benötigt man ein Visum, das bei der Botschaft der Mongolei in Troisdorf oder der Außenstelle in Berlin beantragt werden kann. In Ausnahmefällen kann auch am Flughafen ein Visum (kostet 50 US-$) ausgestellt werden. Bei einem Aufenthalt von mehr als 30 Tagen werden eine Visumsverlängerung bei der Konsularabteilung des mongolischen Außenministeriums sowie eine Registrierung bei der mongolischen Polizei notwendig.

Diplomatische Vertretungen der Mongolei in Deutschland

- Botschaft der Mongolei, Siebengebirgsblick 4–6, 53844 Troisdorf, Tel. (0 22 41) 7 40 27 27, Fax (0 22 41) 4 77 81, E-Mail: mongolbot@aol.com, Internet: www.mongolei.de
- Außenstelle der Botschaft der Mongolei, Gotlandstr. 12, 10439 Berlin, Tel. (030) 4 46 93 20, Fax (0 30) 4 46 93 21.
- Honorarkonsul Dirk Pfeil, Eschersheimer Landstr. 60–62, Postfach 101764, 60017 Frankfurt a. M., Tel. (069) 15 30 96 10, Fax (069) 15 30 96 66.

Diplomatische Vertretung der Mongolei in Österreich

- Honorarkonsul Johannes Stiedl, Auhofstr. 65–67, A-1130 Wien, Tel. (02 22) 8 77 37 33 19.

Dipolomatische Vertretung der Mongolei in der Schweiz

- Botschaft der Mongolei, Chemin des mollies 4, CH-1293 Bellevue (Genf), Tel. (022) 7 74 19 74/5, Fax (022)7 74 32 01.

China

Für die Einreise benötigt man ein Visum. Einzelreisende erhalten es bei einer der chin. Auslandsvertretungen. Ein mindestens sechs Monate gültiger Reisepass und ein Passfoto müssen vorgelegt werden.

Diplomatische Vertretungen Chinas in Deutschland

- Botschaft der VR China, Märkisches Ufer 54, 10179 Berlin, Tel. (030) 27 58 80, Fax (030) 27 58 82 21, Internet: www.china-botschaft.de

- Botschaftsaußenstelle der VR China, Kurfürstenallee 12, 53177 Bonn, Visaabteilung Tel. (02 28) 9 55 98 13.
- Generalkonsulat der VR China, Elbchaussee 268, 22605 Hamburg, Tel. (040) 8 22 76 00.

Diplomatische Vertretungen Chinas in Österreich

- Botschaft der VR China, Metternichgasse 4, A-1030 Wien, Tel. (01) 714314918, Fax 7136816.

Diplomatische Vertretungen Chinas in der Schweiz

- Botschaft der VR China, Kalcheggweg10, CH-3006 Bern, Tel. (031) 352 73 33, Fax 351 45 73.

Informationsquellen

Russland

- Russian National Tourism Office, Dudenstrasse 78, 10965 Berlin, Service-Tel. (01 90) 76 16 55, E-Mail: Info@russlandinfo.de, Internet: www.russlandinfo.de

China

- Chinesisches Fremdenverkehrsamt in Deutschland (CITS China International Travel Service), Ilkenhanstr. 6, 60433 Frankfurt a. M., Tel. (069) 52 01 35-36, Fax (069) 52 01 37.
- CTS China Travel & Trading, Düsseldorfer Str. 14, 60329 Frankfurt a. M., Tel. (069) 25 05 15-16, Fax (069) 23 23 24.

Mongolei

- Deutsch-Mongolische Gesellschaft e.V., Rochusstr. 84, 53123 Bonn, Tel. (02 28) 6 20 38 94, Fax (02 28) 6 20 38 93, E-Mail: gesellschaft@mongolei.org, Internet: www.mongolei.org
- MongoleiOnline, 53061 Bonn, Tel. (02 28) 2 42 17 10, Fax (02 28) 2 42 17 12, E-Mail: info@mongolei.de, Internet: www.mongolei.de

014ts Abb.: pt

▲ *Die Mongolische Schweiz bietet manch beeindruckende Naturlandschaft*

- Mongolian National Tourisme Centre (MNTC), Chinggis Avenue 11, Ulaanbaatar 28/Mongolia, Tel. (0 09 76) 1-31 11 02, Fax (0 09 76) 1-31 84 82, E-Mail: Ntc@mongol.net

Internetadressen

- **www.vogel-page.de** (Ein „emotionaler Reisebericht", prima und sympathisch gemacht. Die Seite regt die individuelle Planung einer Reise mit der Transsib an und unterstützt diese. Mit Informationen und Impressionen von Jürgen Vogel.)
- **www.transsib.de** (Hier ist die Website von Vostok-Reisen zu finden. Sie bietet Auskünfte zu Visa, Hotels, Flügen, Transfers, Literatur, Preisen und vielem mehr.)
- **www.wodisoft.ch/danielbrunner/reisen** (Faszinierende Bilder für alle, die sich visuell auf eine solche Reise einstellen wollen.)
- **www.russland.net** (Wer sich über einen Sprachkurs an der bekannten Lomonossow-Universität in Moskau informieren möchte, findet hier eine gute Adresse. Man kann auch Reisen mit der Transsib, geführt und individuell, finden.)
- **www.marco-bertram.de** (Der Reisebuchautor Marco Bertram stellt hier seine Website mit Fotos der Transsib, aus Russland und der Mongolei vor. Tolle Bilder, aber wenig Infos.)

- **www.transsib.net/transsib.net/start** (Forum zur Transsibirischen Eisenbahn. Es soll dem Erfahrungsaustausch dienen, Platz für Begeisterung bieten und Antworten auf Fragen geben.)
- **www.mongoleionline.de** (Internetseite mit interessanten Berichten und Informationen über die Mongolei. Es gibt nichts Vollständigeres und Besseres zu dieses Land!)
- **www.tilly.ch** (Hier findet man Reiseberichte, Reisetipps und Ferienwohnungen in Peking. Zudem werden Lokale empfohlen und Tipps zu Nachtleben und Shopping in der Hauptstadt Chinas geboten.)
- **www.Fotolink.ch** (Tolle Bilder von der Verbotenen Stadt.)
- **www.iynf.org** (Website über die bedeutendsten Sehenswürdigkeiten Pekings.)
- **www.studyrussian.com** (Von Moskau nach Peking mit der Transsib. Vorausschau auf die für 2002 angebotene Reise, aber auch Planungshilfen für Individualreisen und einzeln buchbare Transsibbausteine.)
- **www.derreisefuehrer.de** (Man findet hier alles, was man an Reiseinfos zu einzelnen Städten und Regionen benötigt.)
- **www.privat.schlund.de** (Eine Reisebeschreibung von Moskau nach Peking mit der Transsib.)
- **www.Chinalink.de** (Informationen über Wirtschaft, Arbeitsmarkt und Politik in Peking.)
- **www.auswaertigesamt.de** (Hier können Basisinformationen über alle Länder abgerufen werden.)

015ts Abb.: pt

Auf nach Ulan Bator (Ulaanbataar)

Reiseveranstalter

Wer sich für eine Reise mit der Transsib entschieden hat, sollte die in Frage kommenden Reiseveranstalter genau unter die Lupe nehmen. Hier gehen Preis und Leistung oft weit auseinander. Besonders zu achten ist auf die im Reisepreis eingeschlossenen Leistungen bzw. zusätzlich anfallende Kosten z. B. für Visa, Ausflugspakete, Verpflegung, Eintritts- oder Trinkgelder. Nicht jedes Angebot, das auf den ersten Blick günstig erscheint, ist es auch. Es folgt eine Übersicht von Anbietern, die jedoch keinen Anspruch auf Vollständigkeit erhebt.

ADAC Mitgliederreisen

Diese exklusive Reise kann nur gebucht werden, wenn mindestens ein Teilnehmer ADAC-Mitglied ist. Eigens für diese Reise chartert der ADAC einen Sonderzug mit komfortablen Waggons und Rundumbetreuung. Der Preis ist ebenso exklusiv wie Service und Standard.

- ADAC Reisen, Landshuter Allee 38, 80637 München, Tel. (089) 76 76-41 30, Fax (089) 74 39 53, E-Mail: mitgliederreisen@adac-reisen.de, Internet: www.adac.de

Ameropa

Ameropa bietet Bahnerlebnisreisen auf fünf Kontinenten an. Es können Pauschalprogramme oder einzelne Bausteine gebucht werden. Das Pauschalangebot ist zeitlich begrenzt, bietet wenig Gestaltungsspielraum und Freizeit, jedoch eine maximale „Ausbeute" an Sehenswürdigkeiten und Eindrücken. Es fallen wenig Nebenkosten an. Insgesamt bewegt sich der Preis im oberen Segment.

- Ameropa-Reisen GmbH, Hewlett-Packard-Str. 4, 61343 Bad Homburg v. d. H., Tel. (0 61 72) 1 09-0, Fax (0 61 72)1 09-1 10, E-Mail: service@ameropa.de, Internet: www.ameropa.de

BN-Reisen

Der Veranstalter ist Mitglied beim „Forum anders reisen" und bietet Fahrten mit der Transsibirischen Eisenbahn, zum Baikalsee und den umliegenden Nationalpark an.

- Bund Naturschutz Service GmbH, Spitalstr. 21,91207 Lauf an der Pegnitz, Tel. (0 91 23) 9 99 57-10, Fax (0 91 23) 9 99 57-99, E-Mail: reisen@service.bund-naturschutz.de, Internet: www.service.bund-naturschutz.de

DALEKÓ – Erleben und Genießen

Dalekó ist ein kompetenter, junger und dynamischer Anbieter mit Engagement auch für ausgefallene Wünsche und Zwischenstopps. Es können Individual- und Kleinstgruppenreisen gebucht werden.

- Dalekó – Erleben und Genießen, Steinbrink 21, 49152 Bad Essen, Tel. (01 60) 1 54 86 62, Fax (0 54 72) 78 82, E-Mail: judith.peltz@daleko.de, Internet: www.daleko-reisen.de

DER TOUR

DER TOUR ist einer der größten deutschen Reiseveranstalter überhaupt, der über ein weltweites Informations- und Buchungssystem verfügt. DER TOUR hat sich u. a. auf Russland und seine Nachbarländer spezialisiert und bietet sowohl Pauschal- als auch Individualreisen an. Einzelbuchungen für Flüge und Hotels sind durch die großen Kontingente günstiger als selbstständig gebuchte. Aber auch die Pauschalreisen haben ein gutes Preis-Leistungs-Verhältnis.

- DER TOUR GmbH & Co. KG, Emil-von-Behring-Str. 6, 60424 Frankfurt am Main, Tel. (069) 95 88-00, Fax (069) 95 88-10 10, E-Mail: presse@dertour.de, Internet: www.dertour.de

Djoser Reisen

Djoser organisiert individuelle Reisen für „aufgeschlossene Reisende mit Entdeckungsgeist“. Die Gruppen bestehen aus 8 bis maximal 20 Mitreisenden. Die Unterkünfte sind dem Stil der Reise entsprechend einfach. In der Regel besteht die Möglichkeit, das Programm nach Absprache mit der Gruppe zu gestalten. Geeignet sind Djoser Reisen auch für Alleinreisende, denn durch die gemeinsame Faszination am Entdecken fremder Kulturen findet man schnell Anschluss. Empfehlenswert ist diese Reisemöglichkeit für alle, die individuelle Freiheit mit den Vorzügen einer Gruppenreise verbinden möchten. Bei der

Planung sollte man jedoch genau die im Preis inbegriffenen und die extra zu zahlenden Leistungen studieren, um einen Überblick über die tatsächlichen Kosten zu erhalten.

- Djoser Reisen GmbH, Krebsgasse 4–6, 50667 Köln, Tel. (02 21) 9 20 15 80, Fax (02 21) 92 01 58-58, E-Mail: info@djoser.de, Internet: www.djoser.de

Doris-Knop-Reisen

Hierbei handelt es sich um einen kleinen Anbieter rund um die Transsib. Es gibt u. a. Visa-Service, Bahnfahrkarten, Flugtickets, Hotels und Familienunterkünfte mit Frühstück. Ideal für Individualreisende.

- Doris-Knop-Reisen GmbH, Herbststr. 13, 28215 Bremen, Tel. (04 21) 3 79 59 17, Fax (04 21) 3 50 96 28, E-Mail: knop-reisen@t-online.de, Internet: www.knop-reisen.de

GeBeCo

Die Gesellschaft für internationale Begegnung und Cooperation organisiert z. B. Reisen für „Dr. Tigges Erlebnis- und Studienreisen". Der Service, gerade für pauschal gebuchte Studienreisen, ist beispielgebend. Der Preis entspricht den gebotenen Leistungen. Wer mit Planung und Organisation nichts zu tun haben will, ist hier bestens aufgehoben. Kompetente Reiseleitung, optimale Hotels in zentraler Lage, Bücherlisten vor Reisebeginn und ein prall gefülltes Ausflugsprogramm sind nur einige Vorzüge.

- GeBeCo, Holzkoppelweg 19, 24118 Kiel, Tel. (04 31) 54 46-0, Fax (04 31) 54 46-1 11, E-Mail: Contact@GeBeCo.de, Internet: www.GeBeCo.de

Globotrek

Globotrek ist der führende Schweizer Veranstalter von Transsib-Reisen für Gruppen- und Individualreisende. Durch Baukastenteile kann man sich seine persönliche Reiseroute zusammenstellen.

- Globotrek AG, Neuengasse 30, CH-3001 Bern, Tel. (031) 3 13 00 10, Fax (031)3 13 00 11, E-Mail: gk@globotrek.ch, Internet: www.globotrek.ch

Go East

Der Anbieter nennt sich auch der Osteuropa-Spezialist und ist besonders dann zu empfehlen, wenn eine Reise mit individuellen Zwischenstopps organisiert werden soll. Go East kümmert sich um Flüge, Hotels, Gästezimmer, Visa und vieles mehr.

- Go East, Bahrenfelder Chaussee 53, 22761 Hamburg, Tel. (0 40) 8 96 90 90, Fax (0 40) 89 49 40, E-Mail: info@goeast.de, Internet: www.go-east.de

Kuoni

Reiseveranstalter Kuoni bietet Gruppenreisen an, hilft aber auch bei der Planung von Individualreisen.

- Kuoni GmbH, Kärntner Ring 15, A-1015 Wien, Tel. (01) 50 20 25 55, Internet: www.kuoni.at
- Kuoni-Travel Holding Ltd., Neue Hard 7, CH-8037 Zürich, Tel. (01) 2 77 44 44, Fax (01) 2 77 22 37, E-Mail: communication@kuoni.com, Internet: www.kuoni.com

Lernidee-Reisen

Lernidee-Reisen gehört auf dem deutschen Markt zu den führenden Anbietern von Reisen mit der Transsibirischen Eisenbahn. Der Geschäftsführer, Herr Engberding, ist gleichzeitig Direktor des „Russischen Fremdenverkehrsamtes". Ob Sonder- oder Linienzug, Individual- oder Gruppenreise, Lernidee-Reisen bietet mehr als 15 Jahre Erfahrung in Sachen Transsib, auch abseits der Hauptstrecke.

- Lernidee-Erlebnisreisen, Dudenstr. 78, 10965 Berlin, Tel. (0 30) 7 86 50 56, Fax (0 30) 7 86 55 96, E-Mail: team@lernidee-reisen.de, Internet: www.lernidee-reisen.de

Olympia-Reisen

Olympia-Reisen bietet Reisen mit der Transsib nach Wladiwostok, zum Baikalsee, in die Mongolei und nach China. Es können Gruppen- und Individualreisen sowie gewünschte Hotels im Zielgebiet und entsprechende Flüge gebucht werden. Diverse touristische Zusatzpro-

Alt, aber schön: das Fenster einer Bahnstation

gramme und Besuche kultureller Veranstaltungen zu günstigen Preisen ergänzen die Angebotspalette.

- Olympia-Reisen, Siegburger Str. 49, 53229 Bonn,
  Tel. (02 28) 4 00 00 30, Fax (02 28) 46 69 32, E-Mail:
  info@olympia-reisen.com, Internet: www.olympia-reisen.com

Perelingua Sprachreisen

Wie der Name schon verrät, werden vornehmlich Sprachreisen organisiert. Wer die Fahrt auf der legendärsten Eisenbahnstrecke der Welt mit dem Erlernen oder Vertiefen der russischen Sprache verbinden will, ist bei Perelingua richtig. Unabhängig davon können Visa, Flüge und Hotels vornehmlich in Moskau und Irkutsk reserviert werden.

- Perelingua Sprachreisen, Varziner Str. 5, 12159 Berlin,
  Tel. (0 30) 8 51 80 01, Fax (0 30) 8 51 69 83,
  E-Mail: perelingua@startpartner.net

Reisebüro Mittelthurgau

Veranstalter Mittelthurgau hat sich auf Fluss-, Hochsee- und Bahnreisen spezialisiert.

- Reisebüro Mittelthurgau, Marktplatz 5, CH-8570 Weinfelden, Tel. (0 71 62) 2 85 85.

SSS Travel

SSS Travel in der Mongolei besteht seit 1992. Die Firma ist modern, leicht zu erreichen und erfüllt von Einzel- bis Gruppenreisen fast jeden Wunsch, auch in die entferntesten Ecken des Landes. Reisen per Jeep, Pferd und Kamel sind ebenso möglich wie Übernachtungen in Nomadenjurten und Luxushotels oder Ausflüge in die Gobi.

- SSS Travel Co. Ltd., Baga touruu-44, Mongolian Youth Federation Building, Room 207, Ulaanbataar/Mongolia, Tel. 009 76 (1) 32 84 10, Fax 009 76 (1) 31 19 15, E-Mail: sssmydc@magicnet.mn, Internet: www.ssstravel.mn

Travel Service Asia

Auch TSA bietet Touren auf allen Strecken der Transsibirischen Eisenbahn sowie nationale und internationale Flüge an. Empfehlenswert ist TSA besonders bei individueller Reiseplanung, z. B. bei Übernachtungswünschen in Gastfamilien, naturnahem Erleben von Baikalsee und Mongolei.

- TSA-Reisen, Schmelzweg 10, 88400 Biberach/Riß, Tel. (0 73 51) 37 32 10, Fax (0 73 51) 37 32 11, E-Mail: TSA-Reisen@t-online.de, Internet: www.Travel-Service-Asia.de

Troika-Tour

Wer die Transsib nutzen will, um am Baikal und in der Mongolei zu verweilen, kann sich auch an Troika-Tour wenden. Dort werden Reisen nach individuellen Wünschen arrangiert.

- Troika-Tour, Oberlau 34, 48727 Billerbeck, Tel. (0 25 43) 27 02 40, Fax (0 25 43) 27 02 41, E-Mail: info@troika-tour.de, Internet: www.troika-tour.de

Tsolmon Travel

Tsolmon Travel ist einer der ersten privaten Reiseveranstalter der Mongolei und hat sich dem Schutz der Natur und der Bewahrung der ursprünglichen Nomadenkultur verschrieben. Das Angebot beinhaltet Gruppen- u. Individualreisen, Abenteuer- u. Studienreisen, Angel- u. Trekkingtouren sowie Reitexpeditionen mit Pferd, Yak und Kamel. Möglich sind ebenso nationale und internationale Hotel- u. Flugreservierungen, Helikoptercharter, Kultur- u. Veranstaltungsservice.

- Tsolmon Travel, Chinggis Avenue 11, Ulaanbataar 28/ Mongolia, Tel. 009 76 (11) 32 28 70, Fax 009 76 (11) 31 03 23, E-Mail: tsolmont@magicnet.mn

Ventus-Reisen

Ventus wirbt mit dem Slogan: „Fast alles ist möglich" und beschreibt die Chance, mit der Transsib die Weiten Sibiriens und der Mongolei zu durchqueren. Für Gruppen- und Individualreisende.

- Ventus Reisen GmbH, Krefelder Str. 8, 10555 Berlin, Tel. (030) 39 10 03 32, Fax (030) 3 99 55 87, E-Mail: office@ventus.com, Internet: www.ventus.com

Vostok-Reisen

Der Anbieter liefert alles, was man zur Vorbereitung einer Gruppen- oder Individualreise benötigt (Visa, Hotels, Flüge, Transfers, Preis- und Literaturlisten ...).

- Vostok-Reisen, Weinbergsweg 2, 10119 Berlin, Tel. (0 18 05) 86 78 65, Fax (030) 30 87 10 28, E-Mail: mail@vostok.de

Wildberry Tours

Wildberry Tours hat sich auf die Mongolei spezialisiert. Das Team organisiert Flüge und einzigartige Erlebnis- und Studienreisen, beschafft aber auch Visa, Informationen und Unterkünfte.

- Wildberry Tours, Postfach 130154, 53061 Bonn, Tel. (02 28) 2 42 17 10, Fax (02 28) 2 42 17 12, E-Mail: tours@wildberry.de, Internet: www.wildberrytours.com

004ts Abb.: pt

Praktische Tipps für unterwegs

Ausrüstung

Die Liste der Dinge, die man praktischerweise auf die über 9000 km lange Reise mitnehmen kann, ist sehr lang. Grenzen werden allein durch die Gepäckbeschränkung auf 20 kg bei Hin- und Rückflug gesetzt. So empfiehlt es sich in jedem Fall, einen stabilen Koffer, möglichst mit Rollen, und eine kleine Reisetasche oder einen Rucksack als Handgepäck mitzunehmen.

Die wichtigsten Dinge wie Geld, Dokumente, Medikamente, Fotoapparate usw. werden im **Handgepäck** verstaut und möglichst nie aus den Augen gelassen.

- Im Sommer benötigt man leichte, bequeme und schmutzresistente **Kleidung,** am besten aus Baumwolle, jede Menge T-Shirts, eine warme Jacke für abends und festes Schuhwerk. Gut sind auch Wanderschuhe und/oder Trekkingsandalen. Die Sachen sollten knitterarm, leicht zu waschen und schnell zu trocknen sein. Ein Jogginganzug ist im Zug praktisch. Im Winter braucht man unbedingt wärmste Kleidung und wetterfeste Stiefel sowie Mützen mit Ohrenschutz und natürlich Handschuhe.
- **Badelatschen** sind im Zug und vor allem in den Hotels ein Muss. Betreten Sie niemals barfuß sanitäre Anlagen!
- Im Sommer werden Sie häufig ein **Regencape** benötigen.
- **Toilettenpapier** ist sehr wichtig, genauso wie Papiertaschentücher, Sagrotan und feuchte Tücher für die Hände.
- Zur individuellen **Reiseapotheke** gehören u. a. Aspirin®, Abführmittel, Mittel gegen Durchfall, Mineraltabletten zum Auflösen, Sonnen- und **Mückenschutz** sowie **Erkältungsmittel.** Es gibt aber auch überall Apotheken mit den gängigsten Medikamenten.
- Früher war es angebracht, **Gastgeschenke** mitzunehmen. Diese nehmen im Gepäck natürlich Platz weg und außerdem ist Geld heute das universellste und begehrteste Geschenk.
- Ein **Reiseadapter** gehört zur Ausrüstung, wenn Sie elektrische Geräte (Fön, Rasierapparat usw.) mit sich führen, da die Steckdosen nicht mit den deutschen Normen übereinstimmen. Im Zug gibt es 110 oder 220 V Gleichspannung.
- Neben **Bargeld in Dollar** (möglichst viele kleine Scheine) können **Kreditkarten** genutzt werden. Außer im Zug kann man überall Geld tauschen.

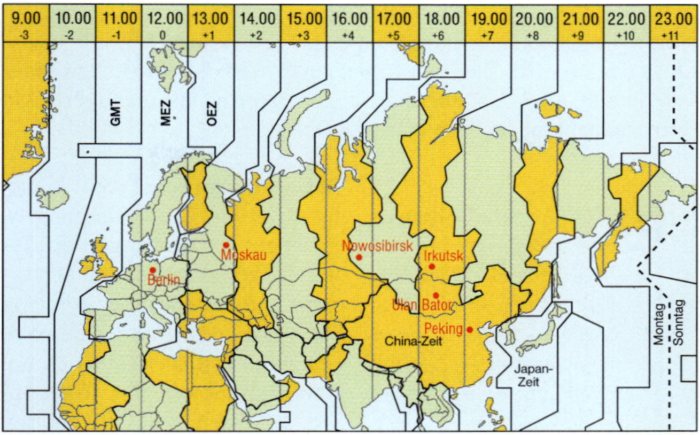

802ts Abb.: bu

▲ *Die Zeitzonen Europas und Asiens*

- Sinnvoll ist eine **zweite Armbanduhr** oder ein **Reisewecker.** Zum einen durchquert man sieben Zeitzonen, zum anderen gilt für Zug und Fahrplan **Moskauer Zeit,** die um Stunden von der tatsächlichen Ortszeit abweicht. Schnell verliert man sonst den Überblick.
- **Filme,** besonders für Dias, und **Batterien** kann man nicht überall kaufen. Man sollte die nötige Menge bereits zu Hause kaufen, weil Filme häufig mehr als doppelt so teuer wie in Deutschland sind.
- Beliebt sind **Reisetagebücher und Diktiergeräte.** Auf der Zugfahrt ist genügend Zeit zum Festhalten von Eindrücken und Erlebnissen.
- **Landkarten und Stadtpläne** erleichtern die Orientierung, **Wörterbücher** die Konversation.
- **Plastiktüten** mit Henkel können viele Zwecke erfüllen. Aufgehängt ersetzen sie im Zugabteil den Abfalleimer. Kleine Einkäufe lassen sich so verstauen und nasse Kleidungsstücke verpacken.
- **Einwegplastikbecher** nehmen wenig Platz weg, kann man aber für kleine Wodkarunden, unterwegs gekaufte Getränke und vieles mehr gebrauchen. Im Zug gibt es pro Person nur ein Teeglas.
- **Nähzeug** und **Klebeband** zur Reparatur beschädigter Gepäckstücke oder zur Befestigung störender Gardinen sind sehr sinnvoll.
- Etwas **Reiseliteratur** kann ebenfalls nicht schaden.

- **Passbilder** und eine **Kopie des Passes** und sämtlicher Visa erleichtern die Ausstellung eines Ersatzpasses im Verlustfall.
- Da der Strom im Zug zum Fönen zu schwach ist, sind **Klettwickler** praktisch. Auch das Waschen langer Haare ist fast unmöglich. Mit **Trockenshampoo** kann man sich behelfen.

Scheiben putzen

Die Mitnahme von Fensterputzutensilien evtl. mit Teleskopstange ist besonders dann angeraten, wenn Sie aus dem Zug fotografieren oder filmen möchten. Die Scheiben sind oft stark verschmutzt und bei seitlichem Sonneneinfall kaum zu ertragen. Im Winter sind Eiskratzer und Spray zum Enteisen der Scheiben sinnvoll.

Reiseproviant muss nicht mitgeführt werden. Die Versorgungslage ist gut. Im Prinzip gibt es alles vor Ort zu kaufen, in den Restaurants und Hotels findet sich eine interessante Mischung nationaler und internationaler Gerichte. Auf den Bahnhöfen der Transsibstrecke wird von fliegenden Händlern alles angeboten, was der Reisende braucht und man sollte die vielen leckeren Sachen unbedingt probieren.

Im Zug gibt es zudem einen Speisewagen und im Waggon rund um die Uhr heißes Wasser aus dem Samowar für **Tee und Kaffee.** Gewöhnungsbedürftig ist das **Mineralwasser** ohne Kohlensäure.

017ts Abb.: pt

Im Zug

Züge und Klassen

Sonderzüge

Veranstalter bieten auf verschiedenen Routen der Transsib Reisen in Sonderzügen an. Sehr bekannt ist der **„Russische Orientexpress".** Er bietet Platz für ca. 90 Reisende, die rund um die Uhr von bis zu 60 Angestellten versorgt werden. Dieses „Hotel auf Schienen" hat drei Speisewagen, einen rund um die Uhr geöffneten Barwagen und sechs teakholzgetäfelte Schlafwagen.

Auch der Zug namens **„Zarengold"** wird in verschiedenen Komfort- und Preiskategorien angeboten. Hier gibt es auch Themenreisen und Dampfsonderzüge. Bei diesen Angeboten handelt es sich bewusst nicht um Regel-, sondern wirklich um Sonderzüge. Es gibt keine Einheimischen an Bord. Hier beherrschen das besondere Flair sowie bestmöglicher Komfort, Sicherheit, Unterhaltung und organisierte Ausflugsprogramme die Reise.

Regelzüge

Wer nicht nur das Land, sondern auch die Menschen und ihr Reiseverhalten kennen lernen möchte, der sollte den Regelzug nehmen. Standard und Komfort sind etwas niedriger, aber völlig ausreichend und das Erlebte ist authentisch. Der Zug erreicht eine Durchschnittsgeschwindigkeit von 80 km pro Stunde.

Zwischen Moskau und Peking verkehren Züge mit Waggons der **Luxusklasse.** Jeweils zwei Zwei-Bett-Abteile benutzen zusammen eine kleine Nasszelle, die jedoch ohne Toilette ist.

„Je langsamer du fährst, desto weiter wirst du kommen."

Russisches Sprichwort

In der **ersten Klasse** gibt es Waggons mit Zwei-Bett-Abteilen, in China jedoch manchmal Vier-Bett-Abteile. Je ein Wasch-/Toilettenraum befinden sich am Anfang und Ende des Waggons.

Vier-Bett-Abteile sind in der **zweiten Klasse** zu finden. Auch hier sind die Wasch- und Toilettenräume am Anfang und Ende des Waggons gelegen.

Unterbringung, Abteil

Ein Abteil in der Transsibirischen Eisenbahn ist nicht sehr groß. Egal, ob zwei oder vier Personen untergebracht werden, die Ausstattung bleibt die gleiche.

Ein **Bett** hat eine Länge von ca. 1,90 m und beengt somit besonders große Menschen beim Schlafen sehr. Die oberen Betten können hochgeklappt werden. Der Abstand zwischen dem oberen und unteren Bett beträgt 85 cm. Bei einer Bettbreite von nur 62 cm und dem Schwanken des Zuges kommt schnell die Befürchtung auf, aus dem Bett zu fallen. Keine Angst, diese Sorgen sind unbegründet! Wer trotzdem sicher gehen will, besorgt sich beim Schaffner einen **Haltegurt.**

Über der Abteiltür befindet sich eine **Gepäckablage** (0,30 m x 1,60 m x 0,90 m). Unter den Betten ist genug Platz, um in oder neben einem Kasten Gepäck zu verstauen.

Die **Deckenbeleuchtung** hat zwei Helligkeitsstufen. Zu jedem Bett gehören eine kleine Leselampe und ein Ablagenetz für Kleinigkeiten.

Die **Abteiltüren** lassen sich von innen verriegeln, die **Abteilfenster** können wegen der Klimaanlage nicht geöffnet werden.

Die Entscheidung, ein **Zwei- oder ein Vier-Bett-Abteil** zu buchen, sollte gut durchdacht sein. Natürlich ist die Vier-Mann-Belegung günstiger, aber dort werden Reisende bunt gemischt untergebracht. Auch ist es zu viert recht eng und wer unten schlafen möchte, muss nicht selten seinen Platz den anderen, die im Abteil sitzen wollen, überlassen. Kompromissbereitschaft und Toleranz sind hier sowohl beim An- und Umziehen, Musikhören, Gepäckverstauen als auch bei den Schlafenszeiten gefordert.

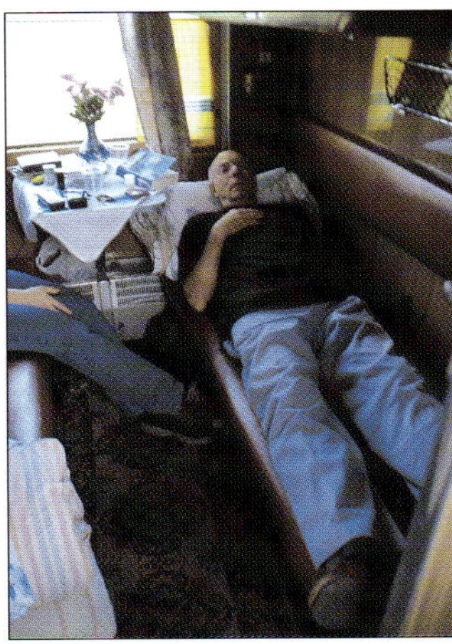

018ts Abb.: pt

Deutlich mehr kostet eine Zweierbelegung. Diese hat natürlich einige Vorteile, denn sie garantiert den Reisenden eine gewisse Privatsphäre.

Verpflegung, Alkohol

Das Speiseangebot entlang der Transsib ist so vielfältig, wie die Strecke lang ist. Der Regelzug hat einen **Speisewagen.** Bei Gruppenreisen wird die Reiseleitung Essenszeiten und Verpflegung mit dem Personal abstimmen. Als Individualreisender braucht man schon etwas Verhandlungsgeschick und ein paar Rubel, um nicht lange Wartezeiten in Kauf nehmen zu müssen.

Ein **Frühstück** umfasst Brot, Butter, Marmelade, Eier und Wurst, wahlweise Tee oder Kaffee. Zum **Mittagessen** gibt es fast immer einen kleinen Salat, verschiedene Suppen und einfache Hauptgerichte mit Fleisch, Kartoffeln oder Nudeln. Zu allen Gängen wird Brot gereicht. Das **Abendessen** gestaltet sich ähnlich.

Im Speisewagen gibt es außerdem eine kleine Auswahl an Süßigkeiten, Gebäck, Bier, Wodka, Wein, Sekt und Erfrischungsgetränken. Nicht jedem sei ein **Blick in die Küche** empfohlen. Selten entspricht das Gesehene unseren hygienischen Vorstellungen, während das Essen oft sogar richtig gut schmeckt und auf jeden Fall ohne Bedenken zu genießen ist.

Saubere Hände

Bei einer Zuglänge von ca. 600 m muss oft ein ordentlicher Fußweg mit unzähligen Türen und menschenvollen Gängen bewältigt werden. Praktisch sind feuchte Tücher, die es in kleinen hosentaschengroßen Packungen gibt, denn den Speisewagen erreicht man nur mit unappetitlich schmutzigen Händen.

In den Speisewagen geht man nicht nur zum Essen, er ist auch ein Ort der **Geselligkeit,** der fröhlichen Wodkarunden und eine willkommene Abwechslung, wenn stundenlang nur Birkenwälder zu sehen sind. Leicht sind zwei Stunden vergangen, bis man wieder in seinem Abteil ist.

Besonders auf russischem Gebiet müssen beim **Ambiente** Abstriche gemacht werden. Geschirr ohne Beschädigung ist selten zu finden. Es kann auch vorkommen, dass nur noch einige Suppentassen für die Soljanka vorhanden sind und kurzerhand leere Dosen ausgewaschen werden, um das Essen an den Mann zu bringen. Macht nichts, der Transsibreisende wird jeden Tag genügsamer! In der Regel funktioniert der **Verpflegungsnachschub** reibungslos. Per Funk kann

019ts Abb.: pt

vom Zug aus mehrmals täglich neue Ware am nächsten Bahnhof geordert werden. Klappt die Anlieferung einmal nicht, wird improvisiert und es gibt mit heißem Wasser aufgebrühte Instantnudelsuppen.

Auf der Fahrt von Moskau bis Peking lernt man auch im Zug die **Küche der drei Länder** kennen, da der Speisewagen samt Personal an der jeweiligen Grenze ausgewechselt wird.

Die **Bezahlung** erfolgt in der jeweiligen Landeswährung, in der Mongolei aber auch in US-Dollar. Die Preise für Speisen im Speisewagen sind dort deutlich höher als auf den Bahnsteigen, für unseren Geldbeutel aber erschwinglich.

An den Bahnsteigen entlang der russischen Strecke stehen überall Babuschkas, die alles anbieten, was der Reisende an Verpflegung unterwegs benötigt. Selbst bei größter Hitze schaffen sie es, gekühlte Getränke und Eis bereitzustellen. Es ist daher empfehlenswert, den Fahrplan genau zu studieren und die Zwischenstopps zu nutzen, um **Lebensmittel einzukaufen** oder einfach nur die vielen kleinen Köstlichkeiten auszuprobieren. Es ist erstaunlich, was für Obst- und Gemüsesorten der „harten" sibirischen Erde abgerungen werden. Für die meisten Händler an den Bahnhöfen ist das Feilbieten dieser Waren die wichtigste Lebensgrundlage. Von den staatlichen Renten allein ist es ihnen nicht möglich zu überleben.

020ts Abb.: pt

◀◀ *Gemütliches Essen im Speisewagen*

◀ *Fast schon Luxus: Der mongolische Speisewagen*

Außerdem gibt es bis nach Peking auf den Bahnsteigen überall **Kioske,** die Proviant, Zigaretten, Getränke usw. führen.

Wer sich **selbst verpflegen** möchte, dem sind Instantgerichte zu empfehlen, da sie jederzeit mit heißem Wasser, das es in jedem Waggon gibt, zubereitet werden können. Ist der Vorrat aufgebraucht, kann man diese unterwegs überall nachkaufen.

„Bist du satt und betrunken, dann sei Gott dankbar."

Russisches Sprichwort

Zum Glück sind die Zeiten der strikten Bekämpfung von **Alkohol** in Russland vorbei. Selbstverständlich sollte man es nicht übertreiben und dadurch das Verhältnis zum Zugpersonal stören. Ein Gläschen Wodka mit dem Blick auf die endlosen Wälder Sibiriens hilft jedoch, die Weite und Melancholie des Landes zu erfassen.

Händler bieten direkt auf dem Bahnsteig ihre Waren an

021ts Abb.: pt

Sicherheit

Die Zugfahrt stellt kein erhöhtes Sicherheitsrisiko dar, wenn elementare Hinweise beachtet werden. Dazu gehört, wie überall, dass man sein Gepäck niemals unbeaufsichtigt lässt. Wer schläft, sollte seine Abteiltür von innen verriegeln. Um ganz sicherzugehen, sollte man wichtige **Dokumente und Geld** am Körper oder im Gepäckcontainer unter dem Bett verwahren. Von außen kann die Abteiltür nur vom Waggonschaffner verschlossen werden. Dafür wird ein einfacher Vierkantschlüssel benutzt, der nicht die allergrößte Sicherheit bietet. Aus diesem Grund ist ein gutes Verhältnis zu Mitreisenden und Personal hilfreich. Sie können bei Abwesenheit das Abteil im Auge behalten. Bei Stopps an Bahnhöfen, an denen man den Zug verlässt, sollte die Tür immer vom Schaffner verschlossen werden.

Stopps werden gern zum Aussteigen, Einkaufen, Fotografieren und Umherlaufen genutzt. Das ist nicht ungefährlich, denn nicht immer halten sich die Züge mit ihren Abfahrtszeiten an den Fahrplan. Auch ist es gerade in Russland nicht üblich, die Abfahrt per Lautsprecheransage oder Trillerpfeife anzukündigen. Der Zug fährt einfach los. Sinnvoll ist es also, den Fahrplan im Kopf und die Uhr im Auge zu haben. Der Waggonschaffner kennt die Zeichen der bevorstehenden Abfahrt am besten. Daher ist es gut, in seiner Sichtweite zu bleiben. Wer vorher einen persönlichen Kontakt hergestellt hat, wird auch namentlich zum Einsteigen aufgefordert. Sollte es dennoch passieren, dass der Zug wegfährt, muss man sich schnellstens an den Administrator des Bahnhofs oder die Miliz wenden.

Via Funk wird die nächste Station informiert und das im Abteil verbliebene Gepäck ausgeladen und verwahrt. Wer Pass und Geld eingesteckt hat, kann für den nächsten Zug eine Platzgebühr zahlen und weiterfahren. Der in der Fahrkarte enthaltene Anteil für diese Strecke entfällt nicht.

Sanitäre Anlagen

Die sanitären Anlagen in einem Regelzug bestehen aus jeweils zwei Toiletten-/Waschräumen pro Waggon. In jedem befindet sich eine Toilette und ein kleines Waschbecken aus rostfreiem Edelstahl.

Auf den ersten Blick ist zu vermuten, dass es jeweils einen Hahn für warmes und für kaltes Wasser gibt, aber dem ist nicht immer so. **Warmes Wasser** holt man sich am besten in einer großen Plastikflasche aus dem Teewasserboiler beim Schaffner. Der **Wasserhahn** über dem Becken hat einen kleinen nach unten fallenden Metallstift. Mit der einen Hand muss dieser nach oben gedrückt werden, damit das Wasser fließen kann, während man mit etwas Geschick eine Hand zum Waschen frei hat. Da der Zug trotzdem weiter schaukelt und holpert und es fast unmöglich ist, sich auch noch festzuhalten, ist mit dem einen oder anderen blauen Fleck zu rechnen. Unter diesen Umständen beschränken sich Waschgänge in der Regel auf das Nötigste.

Zum **Zähneputzen** sollte kein Wasser aus dem Toilettenraum verwendet werden. **Toilettenpapier, Papierhandtücher und Seife** gibt es nicht immer. Eigenversorgung ist daher angesagt. Auch einen **Waschbeckenstöpsel** wird man vergeblich suchen.

Um ein erträgliches Maß an Sauberkeit zu erhalten, ist jeder selbst gefragt, aber auch ein gutes Verhältnis zum Schaffner bringt Vorteile.

Neben der **Bettwäsche** erhält jeder Reisende ein kleines, wenig saugfähiges **Handtuch.** Besser ist es, sein eigenes mitzunehmen.

Möchte man sich die **Haare waschen** oder ganz und gar duschen, muss man sich mit Behelfslösungen begnügen. Zum Haare waschen können ausreichend viele Wasserflaschen gefüllt werden. Die Hilfe eines Mitreisenden erleichtert die Prozedur. **Duschen** ist nur mit größerem Aufwand möglich und es sollte vorher getestet werden, ob sich der Stöpsel am Boden der Nasszelle entfernen lässt, damit das Wasser auch abfließen kann. Zu berücksichtigen ist auch die lange Wartezeit für andere Mitreisende und der Zustand, in dem man diesen Raum anschließend verlässt! Die Vorfreude auf das nächste Hotel mit Dusche und WC hilft über die Bedingungen im Zug hinweg.

Toilette geschlossen!
Etwa 15 Minuten vor Erreichen eines Haltebahnhofs und genauso lange nach Abfahrt wird die Toilette abgeschlossen. An der Grenze kann das Stunden dauern. Aus diesem Grund sind Fahrplan und ggf. Verspätungen WC-technisch zu berücksichtigen. Ist der Schaffner besonders nett, geht er vorher durch seinen Waggon und kündigt den nahenden Bahnhof rechtzeitig an.

Strom

Im Abteil und in den Toiletten gibt es keine Steckdosen, wohl aber im Gang des Waggons. Der Gleichstrom fließt mit 220 V oder 110 V. Das reicht oft nicht einmal für den Fön. Funktioniert gar nichts, so ist der Strom vielleicht nur ausgeschaltet und der Schaffner kann im Dienstabteil einen entsprechenden Hebel umlegen.

Kleidung

Im Zug sollte man praktisch, bequem und leger gekleidet sein. Übertriebenes Styling ist völlig unangebracht. Besonders gern werden Jogginganzüge getragen. Wer das nicht mag, sollte auf helle schmutzanfällige Kleidung verzichten, denn es ist nirgendwo wirklich sauber. Im Sommer kann es für empfindliche Menschen in den oberen Betten etwas kühl werden. Direkt über ihnen an der Decke befindet sich die Klimaanlage. Im Winter wird im Zug ordentlich geheizt und es werden, trotz großer Kälte draußen, nur T-Shirts gebraucht.

Organisation eines Zwischenstopps

Formalien

Empfehlenswert für alle drei Länder sind Reiseveranstalter, die im Baukastensystem nach eigenen Wünschen und finanziellen Möglichkeiten Zwischenstopps, Fahrkarten für die Züge und Flugtickets besorgen.

Russland

An Haltebahnhöfen der Strecke dürfen Reisende unter Beachtung der Abfahrtszeiten immer aussteigen. Längere Reiseunterbrechungen und mehrtägige Zwischenstopps sind erst seit 1994 in Russland kein Problem mehr. Hauptsache, das **Visum** hat noch Gültigkeit!

Für Hotelsuche, Fahrkartenkauf und Verpflegung ist es gut, über Grundkenntnisse der russischen und/oder englischen **Sprache** zu verfügen. Es erleichtert vieles.

Individualreisende sollten sich besser im Voraus und nicht spontan für ausgewählte Aufenthalte entscheiden. Zum einen ist die **touristische Infrastruktur** nicht überall gleich gut ausgebaut, zum anderen schlagen sich die neue Freiheit und Flexibilität in steigenden Preisen für Hotels, Ausflüge, Eintrittsgelder und Verpflegung nieder. Das westliche Niveau wird beim Preis schnell, beim Standard selten erreicht.

Als Frau ist es nicht unbedingt empfehlenswert, allein zu reisen.

Mongolei

Die Mongolei kann man problemlos zu rapide steigenden, aber immer noch erträglichen Preisen individuell erkunden.

China

China ist schon seit den 80er Jahren ein Land für Individualtouristen. Wer sich Zwischenstopps vorbehalten will, braucht ein Einzelvisum.

Gepäckaufbewahrung

An den meisten Bahnhöfen gibt es eine Gepäckaufbewahrung (Russisch: *kamera chranenija*). In der Regel weist ein Hinweisschild den Weg. Besonders ist auf die Pausenzeiten der Gepäckkammer und die Abfahrtszeit des Zuges zu achten. Die Gepäckmarke sollte man

▲ *Öffentliche Verkehrsmittel in Irkutsk*

022ts Abb.: pt

besser nicht verlieren, da bei Verlust viel Zeit für Formalitäten benötigt wird und der Zug schnell weg sein kann. Vielerorts gibt es Schließfächer, die mit einem Code zu bedienen sind.

Wer sein Hotelzimmer morgens räumt, aber erst später weiter reisen will, sollte das Gepäck im Hotel lassen. Gegen ein kleines Entgelt kann es in der Gepäckaufbewahrung (meist im Foyer) gelassen werden.

Stadttransport

Entlang der Strecke gibt es in allen Städten offizielle **Taxis** und vielerorts so genannte **Privattaxis.** Damit gelangt man schnell und problemlos zum Ziel und die Preise sind moderat. Bezahlt wird in Landeswährung, manchmal auch in Dollar.

Mietwagen ohne Fahrer gibt es nur in großen Städten, es wird ein internationaler Führerschein benötigt. In der Mongolei bekommt man immer einen Fahrer dazu.

Von Moskau bis Peking ist in allen Städten das Netz der **öffentlichen Verkehrsmittel** gut ausgebaut. Die Preise sind günstig, aber auf den Fahrplan kann man sich nicht immer verlassen. Häufig sind die Busse und Straßenbahnen überfüllt. Optimal ist die Moskauer Metro.

Unterkunft

Die Kosten für Unterkünfte hängen maßgeblich davon ab, ob man sein Hotel vor Ort oder im Voraus bei einem Reiseveranstalter bucht. Dank großer Kontingente kann der Preis beim Veranstalter günstiger sein. Wer sich vor Ort selbst kümmert, hat Spielraum zum Verhandeln und kann sich nach dem günstigsten Angebot umschauen. Das kostet Zeit und man läuft Gefahr, dass bereits alles ausgebucht ist.

Besonders bei Zwischenstopps von wenigen Tagen sollte man mehr auf die Lage, als auf den Komfort achten. Im Stadtzentrum untergebracht zu sein spart Zeit und macht auch abendliche Erkundungen zu Fuß möglich. Meist verbringt man ohnehin nur wenige Nachtstunden im Hotel.

Gute Reisebüros in Deutschland arrangieren günstige Unterkünfte bei **Gastfamilien.** Ein heißer Tipp für St. Petersburg und Moskau: HOFA, Tel./Fax +7 (812) 2 75 19 92, alexei@hofak.hop.stu.neva.ru.

Seit 1993 gibt es auch internationale **Jugendherbergen** und das **Guest House** in Moskau. Wer etwas Glück hat, kann auch ohne Voranmeldung eine einfache Unterkunft abseits des organisierten Tourismus finden.

Für den Aufenthalt in der Mongolei und China empfiehlt es sich, vorab Hotels zu buchen.

Fahrkarten und Preise

Auf dem Markt gibt es eine Vielzahl von Anbietern für Transsibfahrkarten. Man sollte die Angebote gut vergleichen, denn die Preise variieren enorm. Als Faustregel gilt, je mehr Zwischenstopps anliegen, desto teurer die Fahrkarte. Am preiswertesten sind demnach Fahrten ohne Unterbrechung.

Wer sich vor der Abreise nicht über einen Veranstalter um Fahrkarten gekümmert hat bzw. diese reservieren ließ, dem kann es passieren, dass alle Tickets ausverkauft sind und unter Zeitverlust der Aufenthalt verlängert werden muss. Fahrkarten können frühestens 30 Tage vor Abfahrt und spätestens am Abfahrtstag erworben werden. Reservierte Tickets müssen 24 Stunden vor Abfahrt unter Vorlage des Passes abgeholt werden.

Es folgen einige **Preisbeispiele** für die gängigsten Verbindungen (Stand Januar 2002, Angaben ohne Gewähr):

Strecke	1. Klasse	2. Klasse
Moskau - Peking	*500,00 €*	*325,00 €*
Moskau - Ulan Bator	*345,00 €*	*220,00 €*
Moskau - Irkutsk	*455,00 €*	*220,00 €*
Moskau - Novosibirsk	*335,00 €*	*165,00 €*
Novosibirsk - Irkutsk	*210,00 €*	*110,00 €*
Irkutsk - Ulan Bator		*125,00 €*
Irkutsk - Peking	*350,00 €*	*240,00 €*
Ulan Bator - Peking	*210,00 €*	*145,00 €*

Reisepraxis in Russland

Diplomatische Vertretungen

Diplomatische Vertretungen Deutschlands in Russland

- Deutsche Botschaft, ul. Mosfilmovskaja 56, 119285 Moskva, Tel. (0 95) 9 56 10 80.
- Konsular- und Visaabteilung, Leninskij prospekt 95 a, 117393 Moskva, Tel. (0 95) 9 36 24 10.
- Generalkonsulat Novosibirsk, Hotel „Centr Rossii", Krasnyj prospekt 28, 690000 Nowosibirsk, Tel. (38 32) 23 48 69.

Diplomatische Vertretung Österreichs in Russland

- Österreichische Botschaft, 119034 Moskva, Starokonjuschennyj Per. 1, Tel. (0 95) 5 02 95 12, Internet: www.austrianembassy.ru

Diplomatische Vertretung der Schweiz in Russland

- Schweizer Botschaft, ul. Stopany 2/5, 107149 Moskva, Tel. (0 95) 9 25 53 22.

Essen und Trinken

Genau wie bei uns werden auch in Russland normalerweise drei **Mahlzeiten** eingenommen, wobei mittags und abends warm geges-

023ts Abb.: pt

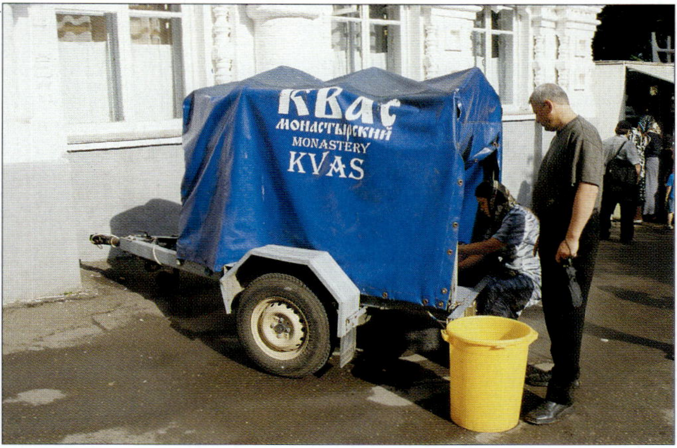

Der beliebte Kwass wird von fahrenden Händlern auf der Straße verkauft

sen wird. Es gibt mehrere Gänge. Beilage zu jeder Mahlzeit ist Brot. Es ist eines der wichtigsten Grundnahrungsmittel.

Typisch russische Speisen sind Piroggen (mit Fleisch, Gemüse, Marmelade oder Quark gefüllte Teigtaschen), Blini (Pfannkuchen aus Buchweizen), Borschtsch (die berühmte rote Suppe aus Rindfleisch, Weißkohl, Kartoffeln und roten Rüben) und natürlich die ebenso bekannte Soljanka.

Getrunken wird in Russland neben **Kaffee** (für unseren Geschmack gewöhnungsbedürftig) **Tee,** zubereitet mit heißem Wasser aus dem Samowar, Wodka und auch verstärkt das ca. 4%ige Erfrischungsgetränk **Kwass.**

Wodka ist ein aus Kartoffeln gebrannter 40%iger klarer Schnaps, der in der Regel reichlich fließt. Es empfiehlt sich, immer etwas nebenbei zu essen.

Bier, Wein und Sekt werden ebenfalls getrunken, wobei Wein unverschämt teuer ist.

Cola und andere westliche **Erfrischungsgetränke** gibt es überall zu kaufen.

Fotografieren

Außer auf Flughäfen und militärischen Anlagen gibt es kaum Einschränkungen. In den meisten Museen muss gegen Gebühr eine Fotoerlaubnis erworben werden. Häufig darf kein Blitzlicht verwendet werden, was hochempfindliche Filme erfordert. In der Tretjakow-Galerie ist fotografieren verboten. In Kirchen sollte man Zurückhaltung üben, Taktgefühl ist ebenfalls beim Fotografieren von Personen angebracht. Filme (Fuji, Kodak, Konica) sind sehr teuer, Diafilme schlecht bis gar nicht zu bekommen.

Geldfragen

Die Landeswährung ist der **Rubel.** Ein Rubel sind 100 Kopeken. Der **Umtauschkurs** beträgt ca. 1 Euro – 27 Rubel (Stand April 2002. Der aktuelle Kurs kann im Internet abgefragt werden, beispielsweise unter: www.Bloomberg.com/markets.)

Bargeld kann am günstigsten in Hotels getauscht werden. Der Kurs an anderen **Wechselstellen** ist meist ungünstiger. Wegen Falschgeld ist vom Umtausch auf dem Schwarzmarkt abzuraten.

US-Dollar sind auf Grund der breiteren Akzeptanz bevorzugt mitzuführen, auch die Kurse sind besser.

Außer in den großen Geschäften Moskaus ist es nicht üblich, mit **Kreditkarten** zu zahlen, daher benötigt man ausreichend Bargeld.

Es gibt zwar inzwischen vermehrt **Geldautomaten,** doch die erheben hohe Gebühren und das Auswärtige Amt warnt vor Missbrauch durch das Kopieren von Datensätzen und Geheimnummern.

Gesundheit

Es sind keine **Impfungen** vorgeschrieben. Empfehlenswert ist ein vollständiger Impfschutz gegen Tetanus, Polio und Diphtherie. Für manche Gebiete Sibiriens ist im Sommer die Zeckenschutzimpfung zu empfehlen.

Im **Erkrankungsfall** wendet man sich an ein Medical Centre, die Hotelrezeption oder den Reiseleiter. Das medizinische Personal ist in der Regel gut ausgebildet, gängige Medikamente sind vorhanden. Ein **Notarzt** kann über die Telefonnummer 03 gerufen werden.

Da für die Visaerteilung der Abschluss einer privaten **Auslandsreise-Krankenversicherung** Voraussetzung ist, übernimmt diese die anfallenden Kosten, im Notfall auch für einen Rücktransport. Die Bezahlung vor Ort erfolgt in Dollar, in Rubel oder per Kreditkarte. Für die spätere Erstattung zu Hause ist eine detaillierte Bescheinigung des Arztes nötig.

Klima und Kleidung

Der Sommer in Russland ist drei Monate kurz, erwärmt das Land auf bis zu 30 °C und lässt die Nächte ordentlich abkühlen. Angemessen sind daher sommerlich leichte Kleidung und für abends warme Sachen zum Überziehen. Teurer Schmuck sollte zu Hause bleiben. Im ausgesprochen kalten Winter wird am besten „Zwiebellook" getragen, mehrere Kleidungsstücke übereinander halten die Wärme am besten. Auch Ohren, Hände und Füße brauchen gute Kälteisolierung.

Kommunikationsmöglichkeiten

Post aus Russland ist lange unterwegs. Selbst aus der Hauptstadt braucht sie bis zu zwei Wochen zum Bestimmungsort, aus Sibirien kann es vier Wochen dauern. Briefmarken gibt es im Hotel, an Zeitungskiosken und Postämtern.

Postämter verfügen meist über einen **Faxservice.** Einige große Hotels haben Bussines Center, von denen aus man ein Fax oder Telex aufgeben kann.

Internetzugänge sind außerhalb Moskaus selten.

Es wird zunehmend leichter, **Telefongespräche ins Ausland** zu führen und funktioniert vielfach per Direktwahl vom Hotelzimmer aus oder man kann dort ein Ferngespräch bestellen. Allerdings sind die Preise dafür sehr hoch, während Ortsgespräche meist kostenfrei sind.

Für **öffentliche Fernsprecher,** von denen jedoch nur Ortsgespräche möglich sind, benötigt man Jetons oder eine Telefonkarte, die es an Zeitungskiosken, auf der Post oder am Schalter der Metro gibt. Es gibt kaum Telefonbücher und bei der Auskunft wird nur russisch gesprochen.

Außerhalb der Hotels sind **Ferngespräche** meist nur von Telefonzentralen oder auf der Post möglich. Im Voraus muss eine festgelegte

Gesprächsdauer bezahlt werden. Geht ein Anrufbeantworter dran, gilt die Verbindung als zustande gekommen und das Geld ist weg! Bei Gesprächen ins Ausland wird nach der Ziffer 8 auf den Dauerton gewartet, es folgen die Ziffern 10, dann die Landes- und Stadtvorwahl bis zur eigentlichen Telefonnummer des Anschlusses.

Wer sein **Handy** benutzen möchte, kann nicht auf lückenlose Netzdeckung hoffen. In den Städten gibt es allerdings keine großen Schwierigkeiten. Mit D2 ist man momentan am besten ausgestattet.

Shopping

Versorgungsprobleme gibt es in Russland nicht mehr. Selbst bei den **Öffnungszeiten** der Geschäfte ist man flexibler als in Deutschland, meist ist bis 20 Uhr oder länger geöffnet. Lebensmittelgeschäfte öffnen häufig sogar am Sonntag.

Zunehmend trifft man auf westliche **Einkaufsmodalitäten.** Das landesübliche System ist für Touristen kompliziert, aber auch eine Herausforderung. Der Kunde wählt eine Ware aus, merkt sich den Preis oder lässt ihn auf einen Zettel schreiben und geht dann zur Kasse, um den entsprechenden Betrag zu bezahlen. Nach Aushändigung des Kassenbons kann man dann seine Ware abholen. Westliche Produkte gibt es fast überall zu kaufen.

Matrjoschkas
sind handbemalte, dickbäuchige Holzpuppen, die man öffnen kann und die weitere Matrjoschkas in sich verbergen. Zentrum der Herstellung ist heute noch Sergijew Possad, wo sie aus Lindenholz gedrechselt und anschließend bemalt und lackiert werden. Sie ähneln sich zwar in Design und Farbe, es sind aber alles Unikate.

Das **Preisniveau** ist ähnlich wie in Deutschland, teilweise sogar höher. Typisch russische **Souvenirs** sind ↗Matrjoschkas, Teegläser, Samoware und Ikonen. Zu bedenken ist, dass alle Einkäufe über Tausende Kilometer transportiert werden müssen.

Besonders am Baikalsee gibt es sehr schönen, preiswerten **Modeschmuck** mit verarbeiteten Kristallen aus dem See. Russland ist zwar bekannt für seinen **Kaviar,** aber man sollte ihn lieber frisch vor Ort essen, denn bei Straßenhändlern hat man keine Gewähr, was wirklich in der Dose ist!

0024ts Abb.: pt

▲ *Typisches Souvenir: bunt bemalte Matrjoschkas*

Sicherheit

Richtig ist, dass die Kriminalität in den letzten Jahren erheblich zugenommen hat. Falsch dagegen sind übertriebene Horrormeldungen in den Medien. Die Kriminalität in Russland ist nicht höher als in den meisten europäischen Ländern auch. Geschichten von Verbrecherzügen zwischen Moskau und Peking entsprechen nicht der Realität. Wer einige grundlegende Sicherheitshinweise beachtet, kann das Risiko deutlich minimieren. Siehe auch Sicherheitshinweise im Kapitel „Im Zug".

- Größere Bargeldmengen sind nicht an einer einzigen Stelle zu verwahren, auch sollte man nicht mit Bündeln von Scheinen Aufmerksamkeit erregen. Bei einem durchschnittlichen Monatseinkommen von ca. 100 € weckt man damit Begehrlichkeiten.
- Wertgegenstände sind immer am Körper zu tragen und teurer Schmuck sollte zu Hause bleiben.
- Fotoapparate legt man nicht aus der Hand, das gilt auch für Geldbehältnisse und Uhren.
- Wer im Dunklen allein unterwegs ist, meidet Unterführungen und abgelegene Straßenecken lieber.

Transport

Taxis sind meist gelb. Wenn sie frei sind, brennt ein grünes Licht hinter der Windschutzscheibe. Preise sind häufig Verhandlungssache und werden gern in US-Dollar genommen. Häufig halten auch **Privatfahrzeuge,** die mit solchen Fahrten die Kosten für ihren Wagen decken müssen. Abends allein mitzufahren kann aber riskant sein.

In kleineren Orten gibt es zumindest **Straßenbahnen** und/oder **Auto- und Trolleybusse.** Fahrkarten werden beim Schaffner, dem Fahrer oder an Kiosken verkauft und im Verkehrsmittel entwertet.

Trinkgeld

Als Trinkgeld werden für Serviceleistungen 5–10 % des Rechnungsbetrages erwartet. Bei Gruppenreisen ist es üblich, dass Fahrer und Reiseleiter vor Ort je einen Dollar/Tag erhalten. Es kann sinnvoll sein, dem Zimmermädchen und der Etagenfrau im Hotel, dem Personal im Speisewagen des Zuges und vor allem den Schlafwagenschaffnern im Waggon ein Trinkgeld schon im Voraus zu geben.

Unterkunft

Hotels sollten von Individualtouristen möglichst vor Reisebeginn über einen Veranstalter gebucht werden, da die **Preise** für Einzelzimmer vor Ort 150 bis 200 Euro betragen. Es gibt viele noch teurere Hotels im Hochpreissektor. Im Mittelklassesegment sieht es schlecht aus, denn die Branche verfügt nicht über genügend Betten, die Zimmer sind teuer und es wird nicht annähernd westlicher Standard geboten.

Zoll

Die Devisenvorschriften wurden Ende September 2001 verschärft. Bei der Einreise mitgeführte Devisen müssen grundsätzlich angemeldet werden (lückenloses Ausfüllen der Zolldeklaration, Abstempeln des Formulars durch den Zoll, Benutzung des roten Zoll-Korridors). Es wird darauf hingewiesen, dass die Zollbehörden bei nicht deklarierter Ausfuhr von Devisen (Devisenschmuggel!) gemäß Artikel 188 des russischen Strafgesetzbuches nicht zimperlich sind!

Reisepraxis in der Mongolei

Diplomatische Vertretungen

Diplomatische Vertretung Deutschlands in der Mongolei

- Botschaft der Bundesrepublik Deutschland, Negdsen Undestnii gudamj 7, Postfach 708, 210613 Ulan Bator, Tel. (01) 32 33 25 oder 32 39 15, Fax (01) 32 39 05.
  Die Deutsche Botschaft vertritt Österreich mit.

Essen und Trinken

Für Vegetarier ist die Mongolei kein kulinarischer Höhepunkt der Reise. Die **mongolische Küche** ist, bedingt durch die nomadische Lebensweise, sehr einfach und basiert auf tierischen Produkten. Traditionell steht in der Hauptsache Fleisch auf dem Speiseplan. Dazu gibt es Reis, Kartoffeln und Salat. Typisch sind Milchprodukte jeder Art. Häufig wird Hammelfleischsuppe gegessen. Zu Festen gibt es Ziege und Schaf. Zu empfehlen ist das mongolische Nationalgericht Buuts. Dabei handelt es sich um mit Hammelfleisch gefüllte Teigtaschen. Es gibt Käse in allen möglichen Variationen aus Yak-, Stuten-, Ziegen- und Kamelmilch.

Man trinkt leicht gesalzenen **Milchtee.** Sehr beliebt sind auch Öröm aus frischem Butterrahm. Neben ↗**Airag,** der gegorenen Stutenmilch, trinkt man auch gern **Ziegentee** mit Milch und selbst-

Airag
ist das in der Mongolei allseits beliebte und aus vergorener Stutenmilch gewonnene Nationalgetränk. Bekannter ist Airag in Europa unter der türkischen Bezeichnung Kumis. Die vergorene Stutenmilch ist ein prophylaktisches Heil- und Schönheitsmittel und eine rituell genutzte Flüssigkeit. Bei der aufwändigen Herstellung muss die ganze Familie helfen. Nach dem Melken der Stuten muss die Milch durch ein Tuch geschlagen, anschließend in einen Beutel aus Leder gefüllt und links neben die Tür der Jurte gehängt werden. Damit sie zum erfrischenden, leicht alkoholischen Getränk werden kann, muss sie vier- bis fünftausend Mal gestampft werden. Jeder, der eine Jurte betritt, so will es die Sitte, stampft ein oder zwei Mal die Milch. Airag stärkt das Immunsystem, regt den Stoffwechsel an und fördert die Verdauung.

gebrannten **Milchschnaps.** Der Konsum von **Wodka** ist weit verbreitet. Bier, Wein und Spirituosen kann man ebenso bekommen.

Es gibt in der Mongolei zwei große, in deutscher Hand befindliche **Brauereien** namens Khan Bräu und Chinggis Beer. Selbst auf typisch deutsche Biergärten muss man nicht verzichten!

In der Hauptstadt gibt es ein großes Angebot von **Bars und Restaurants.** Vom Hotdog über Pizza bis hin zur Pekingente ist alles zu bekommen. Auf dem Land dagegen gibt es nur ein minimales Verpflegungsangebot. Jurtenrestaurants sind wegen mangelnder Hygiene nicht uneingeschränkt zu empfehlen.

Fotografieren

Fotografieren ist in der Mongolei recht problemlos. Die Menschen dort sind freundlich, neugierig und Fremden gegenüber aufgeschlossen. Die Höflichkeit gebietet es jedoch, vorher zu fragen, ob man sie fotografieren darf.

Bei Zeremonien in Tempeln darf nicht fotografiert werden, auch bei Skeletten von Dinosauriern ist man sehr eigen. Ansonsten ist es üblich, mit der Eintrittskarte eine Fotoerlaubnis zu erwerben.

Importwaren, zu denen auch **Filme** gehören, sind extrem teuer. Außerhalb der Hauptstadt ist es nahezu unmöglich, Filme für die Fotokamera oder den Camcorder zu bekommen.

Geldfragen

Die Landeswährung in der Mongolei heißt **Tugrik.** Für einen Euro bekommt man ca. 943 Tugrik (Stand April 2002. Der aktuelle Kurs kann im Internet beispielsweise unter: www.Bloomberg.com/markets abgefragt werden). Es lohnt sich jedoch nicht, größere Mengen an Tugrik zu tauschen, da ein Rücktausch oft nicht möglich ist.

Am besten ist man mit **US-Dollar** ausgestattet, möglichst in reichlich kleinen Scheinen. Damit kann fast überall bezahlt werden.

Kreditkarten werden nur in großen Hotels und in Restaurants von Ulan Bator akzeptiert. Ansonsten sind sie, besonders wenn man sich auf dem Land befindet, unbrauchbar.

Gesundheit

Es sind keine **Impfungen** vorgeschrieben. Trotzdem empfiehlt es sich unbedingt Tetanus, Polio und Diphtherie auffrischen zu lassen.

Die Mongolei verfügt über ein landesweites **Gesundheitssystem** mit geschultem Personal. Das internationale Unfall- und Krankenhilfe-System funktioniert. Trotz allem ist das Gesundheitswesen vom europäischen Standard weit entfernt und die erforderlichen Medikamente sind nicht immer zu beschaffen. Im **Notfall** kann man die Praxis der Deutschen Botschaft (Funktelefon: 99 11 43 90) anrufen. Nur in akuten Notfällen sollte man ein Krankenhaus aufsuchen.

Das **Leitungswasser** ist besser nicht zu trinken und im Sommer empfiehlt sich ausreichend **Mückenschutz.**

Klima und Kleidung

Ulan Bator ist mit einer Jahresdurchschnittstemperatur von minus 4 °C die kälteste Hauptstadt der Welt. Durch das extreme Kontinentalklima gibt es von Mitte September bis Mai Frost, nicht selten unter minus 40 °C. Häufig zieht diese lange Kälteperiode den so genannten ↗Zud nach sich. In dieser Zeit brauchen Sie Kleidung, die besonders gut vor Kälte schützt.

Im Sommer kann es sonnig und um die 25 °C warm werden, abends kühlt es jedoch schnell ab. Daher braucht man warme Kleidung. Sie sollte strapazierfähig sein und vor Wind und Regen schützen. In jedm Fall werden mindestens zwei Paar (wetter-) feste Schuhe, eine Sonnenbrille sowie Kopfbedeckung gebraucht.

Zud

nennt man die Kältekatastrophe in der Mongolei. Sie gehört zu den Katastrophen, die oft einfach übersehen wird, obwohl sie schlimmste Auswirkungen auf Mensch und Tier hat. Im Jahr 2000 verhungerten und erfroren über 2,4 Millionen Tiere, wodurch viele Nomadenfamilien mittellos wurden. Es gibt den Weißen Zud, bei dem es den Tieren unmöglich ist, im hohen Schnee nach Nahrung zu suchen. Beim Schwarzen Zud dagegen mangelt es an Schnee, so dass die Tiere verdursten, weil sie auf dem gefrorenem Boden nichts zu trinken finden. Der Eiserne Zud mit seiner geschlossenen Eisdecke macht jeden Zugang zur Nahrung unmöglich.

Kommunikationsmöglichkeiten

Die **Post** von der Mongolei ins Ausland und umgekehrt funktioniert gut. Im Inland gibt es keine Postzustellung, stattdessen muss man ein Postfach mieten. Briefmarken gibt es im Hotel oder auf der Post zu kaufen. Von dort lässt man Briefe und Karten auch weiterleiten.

Immer noch gibt es in der Mongolei erhebliche Schwierigkeiten beim **Telefonieren,** aber wer sich in der Hauptstadt aufhält, hat damit keine großen Probleme. Von den Hotels der Hauptstadt aus kann man direkt nach Deutschland durchwählen, vom Land aus aber nur von einigen Telefonstationen mit Vermittlung. **Faxe** können vom Hotel versendet und dort empfangen werden.

Auch **Internetanschlüsse** sind vorhanden. In Ulan Bator gibt es zahlreiche Internet-Cafés. Die Mongolen sind den neuen Medien gegenüber sehr aufgeschlossen.

Shopping

Die meisten Dinge sind in der Mongolei sehr teuer, da sie importiert und beschwerlich über lange Strecken transportiert werden müssen. In Ulan Bator gibt es ein Kaufhaus, dessen Lebensmittelabteilung gut bestückt ist, man findet dort sogar Gurken aus dem Spreewald! In der

025ts Abb.: pt

▶ *Kaschmir-Shop in der Mongolei*

obersten Etage werden touristische Mitbringsel und landestypische Produkte wie Kamel- und Kaschmirkleidung verkauft. In der Hauptstadt gibt es mehr und mehr Souvenirgeschäfte oder eigens dafür aufgebaute Jurten, die man bedeutsamerweise Antiquitätenläden nennt. Das Angebot ist verlockend, die Preise horrend und es ist genau zu prüfen, wofür man sein Geld ausgibt.

Sicherheit

Die Mongolei ist ein relativ sicheres Reiseland. Um sein Leben muss man sich weniger Sorgen machen als um Gepäck und Geld. **Taschendiebe** haben sich auf Touristen spezialisiert. Besonders auf Märkten, Bahnhöfen und in öffentlichen Verkehrsmitteln, wo viele Menschen zusammenkommen, sollte man gut aufpassen und auch Gepäckträger immer im Auge behalten. Größere Geldmengen lässt man besser im Hotel. **Betrunkenen** geht man lieber aus dem Weg.

Transport

Auf Grund maroder Straßen, Brücken und auch Fahrzeuge, können Reisen in der Mongolei sehr spannend sein. Mit dem **Bus** kommt man von der Hauptstadt aus im Prinzip überall hin. Häufig gibt es keinen festen Fahrplan, die Busse fahren einfach dann los, wenn sie voll sind. Pannen sind keine Seltenheit und die Ankunftszeit somit oft ungewiss. Ein **Bahnnetz** existiert in der Mongolei nicht, sondern nur zwei Strecken: die von Ulan Bator nach Erdenet und die von Norden nach Süden. **Flüge** gibt es in jede Bezirksstadt, aber auch diese fallen oft aus oder werden kurzerhand verschoben.

Das gilt ebenso für die Fahrten mit **Oberleitungsbussen** in der Hauptstadt. Daher fährt man am besten **Taxi.** Das ist nicht allzu teuer, man kann aber auch **Privatautos** anhalten. Wenn man sich nicht verständigen kann, sollte man sich vorher nach dem üblichen Preis für die Fahrt erkundigen und sich das Ziel aufschreiben lassen. Da es außerhalb der Städte wenig asphaltierte Straßen gibt, kommt man nur langsam voran. Das Wetter kann die Wege zu jeder Jahreszeit unpassierbar machen und so sollte man immer genügend Zeit einplanen. Verschiedene Tourenanbieter vermitteln **Pkw mit Fahrer** sowie Kamel- und Pferdetouren.

In der Mongolei sind viele Brücken marode – diese war zum Glück stabil

Trinkgeld

In Restaurants ist es üblich, ein Trinkgeld von 5–10 % des Rechnungsbetrages zu geben. Für guten Service von Reiseleiter und Fahrer vor Ort ist 1 US-Dollar pro Tag und Person angemessen.

Unterkunft

In Ulan Bator gibt es viele **Hotels** westlichen Standards. Auch in der mittleren Kategorie hat sich in den letzten Jahren einiges getan. Außerhalb der Hauptstadt kann man nur in Erdenet oder Dachan Ähnliches erwarten. Die Preise sind in der kurzen Hauptsaison meist höher als in der Nebensaison. Unterkünfte in Bezirks- und Kreisstädten sollte man meiden, die Preise sind dem schlechten Zustand nicht angemessen. Es empfiehlt sich zu **zelten.** Wer in einem **Touristencamp** übernachten will, sollte Schlafsack und Hygieneartikel bei sich haben. In den Nationalparks gibt es spartanisch eingerichtete **Jurten** für Touristen mit immer mehr neuen Toiletten- und Waschbereichen.

Zoll

Es gibt keine besonderen Zollvorschriften. Bei der Ausreise wird häufig streng nach Antiquitäten, wertvollen Mineralien, Metallen und Jagdtrophäen gesucht.

Reisepraxis in China

Diplomatische Vertretungen

Diplomatische Vertretung Deutschlands in China

- Botschaft der Bundesrepublik Deutschland, 5 Dongzhimenwai Dajie, Beijing, Sanlitun, Tel. (010) 65 32 21 61 oder -65, Internet: www.deutschebotschaft-china.org

Diplomatische Vertretung Österreichs in China

- Botschaft der Republik Österreich, Dongwu Jie 5 Xiushui Nanjie, Beijing, Tel. (010) 65 32 20 62.

Diplomatische Vertretung der Schweiz in China

- Botschaft der Schweiz, Sanlitun Jianguomenwai 3, Beijing, Tel. (010) 65 32 27 36.

Essen und Trinken

Für alle, die gern Neues ausprobieren, ist China ein kulinarisches Erlebnis. **Touristenmenüs** sollten dann allerdings gemieden werden, sie sind in der Regel wenig einfallsreich und schmecken überall gleich. Meist sind Reiseleiter vor Ort gehalten, bestimmte Restaurants mit ihren Gruppen aufzusuchen und dann diese Menüs zu bestellen. Dafür erhalten sie Provision.

Besser man besucht **kleine private Restaurants** nach eigener Wahl und bestellt à la carte. Die Qualität der Speisen ist in der Regel sehr gut und der Preis erheblich günstiger als in großen Hotels und Gourmet-Tempeln, die überall aus dem Boden sprießen. Abstriche muss man möglicherweise beim Ambiente machen, denn in China wird mehr Wert auf die Speise als auf das Umfeld gelegt.

Seit einigen Jahren gibt es auch McDonald's, Pizza Hut, Kentucky Fried Chicken und eine Vielzahl chinesischer **Fast-Food-Ketten.**

Den kleinen Hunger zwischendurch kann man in **Garküchen** und auf Essensmärkten stillen. Diese entsprechen jedoch nicht immer unseren hygienischen Ansprüchen.

Die chinesische Küche deckt eine breite Palette verschiedener Küchen des großen Landes ab. Es gibt alles von scharf über mild bis süß-sauer und von mediterran über mongolisch bis zur kaiserlichen Küche. Normalerweise isst man in China drei warme **Mahlzeiten** am Tag, in Hotels wird aber meist ein kontinentales Frühstücksbuffet angeboten. Bevorzugtes chinesisches **Getränk** ist nach wie vor Tee, obwohl es auch ein breites Angebot anderer Getränke von Bier über Säfte bis zu Cola und Fanta gibt.

Fotografieren

Fotografieren ist bis auf wenige Ausnahmen überall gestattet. Ausnahmen sind Grenzanlagen und militärische Einrichtungen. Wenn man sich nicht daran hält, kann es vorkommen, dass der Film kurzerhand belichtet oder beschlagnahmt wird. In Museen und Tempeln ist auf Hinweisschilder zu achten, denn häufig ist auch dort das Fotografieren nicht oder erst nach Kauf einer Fotoerlaubnis gestattet.

Touristen als Fotoobjekte

Chinesen, die aus nahezu allen Provinzen des Landes in den Ferien in die Hauptstadt oder zur Großen Mauer reisen, lieben es, mit „internationalen Gästen" fotografiert zu werden. Besonders größere Männer oder solche mit „lichtem" Haar sind sehr gefragt und werden oft angesprochen. Die Schulkinder besitzen fast alle einen Fotoapparat, den sie einem einfach in die Hand drücken, damit sie die begehrten Fotos später mit nach Hause nehmen können. Jeder ist stolz, zusammen mit einer „Langnase" abgebildet zu sein und man sollte diesen Wunsch mit Humor sehen und erfüllen.

Geldfragen

Die Landeswährung in China heißt **Renminbi** und wird RMB abgekürzt. Für einen Euro bekommt man ca. 7,20 Renminbi (Stand April 2002. Der aktuelle Kurs kann unter: www.Bloomberg.com/markets abgefragt werden.)

Geld und Reiseschecks kann man im Hotel, am Flughafen oder in der Bank of China zu einem festen Kurs **tauschen.** Häufig wird dafür eine Gebühr erhoben, die auf der Bank meist höher ist als im Hotel. Auf dem Schwarzmarkt Geld zu tauschen ist nicht ratsam, da der Kurs nur unwesentlich günstiger, das Risiko, betrogen zu werden aber sehr hoch ist.

027ts Abb.: pt

◀ *Beim köstlichen Abendessen in einem Pekinger Restaurant*

Gängige **Kreditkarten** können in allen großen Hotels, Restaurants und zahlreichen Geschäften verwendet werden. Besonders in Peking kann man damit problemlos zahlen.

Gesundheit

Das Gesundheitswesen Chinas ist gut ausgebaut. Auf touristischen Pfaden und in Großstädten entsprechen die meisten **Krankenhäuser** westlichem Standard. Große Hotels haben zumeist eine eigene Erste-Hilfe-Stelle. Ist die Erkrankung schwerer, wird der Patient an ein Krankenhaus vermittelt. Die **Apotheken** sind gut bestückt und alle notwendigen Medikamente sind problemlos erhältlich.

Für Reisen nach China sind keine **Impfungen** vorgeschrieben, es sei denn, man hat innerhalb der letzten sechs Tage Gelbfiebergebiete bereist. Dennoch empfehlen sich Impfschutz gegen Polio, Tetanus und Diphtherie, in manchen Gebieten auch Hepatitis A und Typhus.

Wer sich länger als ein Jahr in China aufhalten will, muss einen **AIDS-Test** vorlegen. Zwischen der Volksrepublik China und Deutschland gibt es kein Sozialversicherungsabkommen, daher sollte unbedingt eine private Auslandsreise-Krankenversicherung abgeschlossen werden.

Vorsicht ist bei nicht abgekochtem **Wasser, rohen Speisen und ungeschältem Obst** geboten.

Klima und Kleidung

Der Sommer in China ist heiß und ungemein schwül. Während der längeren Regenperioden in der Monsunzeit kühlt es sich erheblich ab. Daher sollte man immer eine leichte Regenjacke und warme Kleidungsstücke mit sich führen. Letzteres gilt ebenso, wenn man sich in klimatisierten Bussen, Hotels und Restaurants aufhält. Beim Wechsel mit den hohen Temperaturen im Freien holt man sich schnell eine Erkältung. Im Winter wird es gebietsweise sehr kalt, so dass entsprechendes Schuhwerk und warme Winterkleidung benötigt werden.

Die Kleidung sollte bequem, atmungsaktiv und leicht waschbar sein. Wertvoller Schmuck bleibt am besten zu Hause.

Chinesische **Bekleidungskonventionen** sind lockerer als westliche. Es ist durchaus üblich, dass Männer im Sommer kurze Hosen tragen. Auch wird niemand in der Peking-Oper eine Krawatte erwarten.

Die **besten Reisezeiten** für China sind Frühling und Herbst, da im Sommer die hohe Luftfeuchtigkeit und Temperaturen bis 40 °C vielen Menschen Schwierigkeiten bereiten und zu Kreislaufproblemen führen. Bei diesen Temperaturen sollte man viel trinken.

Kommunikationsmöglichkeiten

Telefonieren ist in China problemlos möglich. Inlands- und Ortsgespräche sind preiswert, während Telefonate nach Europa sehr viel Geld kosten. Benutzt man die Durchwahl vom Hotelzimmer aus, werden häufig noch einmal 15 % aufgeschlagen. Telefonämter sind da etwas günstiger.

China hat, abgesehen von wenigen Landesteilen, gute Telefon- und Faxverbindungen. **Faxen** ist erstaunlich teuer, selbst der Empfang eines Faxes muss bezahlt werden und kostet ca. einen US-Dollar. Große Hotels verfügen meist über ein Business-Center mit **Internet-** und Faxanschluss.

Günstiger und sehr schnell arbeitet die chinesische **Post.** Sendungen sind mitunter bereits nach drei Tagen, im Durchschnitt jedoch nach fünf Tagen, am Bestimmungsort in Europa. Briefmarken gibt es an der Rezeption des Hotels oder auf dem Postamt.

Außer in Grenznähe und in Tibet hat China eine gute Netzabdeckung für **Mobiltelefone** und SMS.

Shopping

Überraschend opulent präsentiert sich das Warenangebot Chinas. Es gibt im Prinzip überall alles zu kaufen. In den großen Städten findet man Einkaufsstraßen und -passagen, die ihresgleichen in Deutschland suchen. Da dort alle großen Marken vertreten sind, muss mit entsprechenden Preisen gerechnet werden. Außer in staatlichen Läden, können **Preise** ausgehandelt werden. Die Geschäfte haben meist bis 22 Uhr geöffnet.

Souvenirs können an Ständen, in Hotels, auf Märkten und in kleinen Geschäften gekauft werden. Preis und Qualität der unendlichen Warenpalette können empfindlich variieren. Man sollte daher vergleichen und, außer in Hotels, um den Preis feilschen. Gut und günstig kauft man in China Zuchtperlen, Jade, Seide, Teppiche und Porzellan. Die Preise für Tee haben in den letzten Jahren deutlich angezogen. Beliebt, aber auch Geschmackssache, sind Seidenblumen, Lackschnitzereien, Fächer und Rollbilder. Zudem gibt es eine Menge bunten Plunders, der nur für Touristen angeboten wird.

Wer **Antiquitäten** erwerben möchte, sollte dies unbedingt in staatlichen Geschäften tun. Dort erhält der Kunde ein Zertifikat und ein Siegel für die Ausfuhr aus dem Land. Woanders muss mit Fälschungen gerechnet werden.

„Freundschaftsläden"
Aufpassen sollte man, wenn der örtliche Reiseleiter den Besuch eines so genannten Freundschaftsladens vorschlägt. Er erhält Provision, wenn die von ihm mitgebrachten Touristen dort etwas kaufen. Die Qualität der Waren ist normalerweise gut, der Preis überteuert, aber verhandelbar.

Sicherheitsfragen

Beachtet man elementarste Sicherheitsvorkehrungen, dann ist China ein gefahrloses Reiseland. Wertsachen sollten von vornherein zu Hause oder im Hotelsafe bleiben und Geld sicher, z. B. im Bauchgurt, verwahrt werden. Taschendiebe haben zudem wenig Chancen, wenn man nicht mit größeren Geldmengen hantiert und seine Kamera immer gut im Auge behält. Im **Straßenverkehr** ist Vorsicht geboten, denn Autofahrer in China sind meist recht rücksichtslos.

Auch das ist Peking: Smog in der Großstadt

028ts Abb.: pt

Transport

Chinas Großstädte verfügen über ein gut ausgebautes Verkehrsnetz. Es fahren **Stadtbusse,** die genauso voll sind wie die Straßen. Fahrten mit ihnen sind billig, aber unbequem und langsam.

Oft ist es besser, ein **Taxi** zu nehmen. Man kann es im Hotel bestellen oder auf der Straße einfach anhalten. Es ist darauf zu achten, dass der Fahrer den Taxameter einstellt. Man kann dann sicher sein, einen fairen Preis zu zahlen. Je weiter die Strecke, desto höher sind die Kosten pro Kilometer.

Wo Touristen sind, gibt es auch **Rikschafahrer.** Wer mitfahren möchte, muss ordentlich handeln. Nicht selten wird beim Aussteigen noch einmal Geld verlangt, das aber nicht bezahlt werden muss. In Peking gibt es eine **U-Bahn,** mit der alle wichtigen Sehenswürdigkeiten erreichbar sind und mit der man sich über weite Strecken schnell bewegen kann.

In den Großstädten gibt es moderne **Flughäfen,** denn auch das chinesische Flugnetz ist gut ausgebaut, aber stets überlastet. Man sollte sich rechtzeitig über die Buchungsstelle des Hotels um ein Flugticket bemühen.

Wer ein **Auto mieten** möchte, muss sich die geplante Strecke vorher genehmigen lassen und unter Umständen einen Führer besorgen, wofür man viel Geld bezahlt.

Wer sich in China ohne Reiseleiter und **ohne Sprachkenntnisse** bewegt, sollte sich immer das Ziel aufschreiben lassen und den Hotelausweis dabei haben. Zwar wollen die meisten Chinesen bis zur Olympiade 2008 Englisch lernen, aber im Moment ist es noch sehr schwierig, sich verständlich zu machen.

Trinkgeld

In Restaurants sind Trinkgelder teils gern gesehen, teils unüblich. In Hotels dagegen wird ein Trinkgeld erwartet. Auch Reiseleiter und Fahrer sollten, wenn sie die erwartete Leistung erbracht haben, ein Trinkgeld erhalten.

Unterkunft

In großen Städten und im touristisch geprägten Umfeld gibt es unzählige **Hotels** westlichen Standards, vom Mittelklasse- bis zum Luxushotel. Zimmer bekommt man nur in für Ausländer zugelassenen Hotels. Diese sind komfortabel und geschmackvoll eingerichtet und bieten alle erdenklichen Serviceleistungen an. Privatunterkünfte gibt es in China nicht.

Zoll

Es dürfen nur 400 Zigaretten und zwei Flaschen Spirituosen eingeführt werden. Münzen aus der Zeit vor 1949 dürfen überhaupt nicht ausgeführt werden. Die Ausfuhr der meisten Antiquitäten bedarf des roten Siegels des chinesischen Kulturamtes und ist strengen Regelungen nach Art und Bedeutung der Kunstgegenstände unterworfen.

Abb.: ts 900

▶ *Die Basilius-Kathedrale – krönender Abschluss des Roten Platzes*

Lohnende Stopps
in Russland

Moskau

Überblick

Moskau ist die Hauptstadt Russlands und somit sein politisches, wirtschaftliches, kulturelles und administratives Zentrum. Sie liegt im europäischen Teil Russlands an der Moskwa. Mit einer Fläche von 900 km² und ca. 10 Millionen Menschen ist Moskau sowohl flächen- als auch einwohnermäßig die größte Stadt Russlands.

Die **radial-ringförmig angelegte Stadt** hat im Kreml, der eine Fläche von 28 Hektar einnimmt, ihren Mittelpunkt. Vom Rathaus in der Twerskaja-Strasse aus verwaltet der Bürgermeister die Stadt.

Im Sommer liegt fast immer **Smog** über Moskau, da die Abgasbelastung die zulässigen Grenzen um ein Vielfaches überschreitet. Sowohl Altlasten militärischer und industrieller Herkunft als auch Gewässerverschmutzung und Bodenverunreinigung prägen die ökologische Situation der Hauptstadt.

90 % der **Bewohner** sind Russen, 3 % Ukrainer gefolgt von ca. 2 % Juden und 2 % Tataren. Der hohe Anteil von 2,5 Millionen Rentnern verschärft die sozialen Probleme der Stadt. Durch die fortschreitende Inflation verarmen große Bevölkerungsteile. Auf den Straßen der Stadt sieht man mehr und mehr Menschen, die für ihren Lebensunterhalt betteln müssen. Besonders betroffen sind diejenigen, die Renten oder Einkommen vom Staat beziehen. Selbst Ärzte und Lehrer sowie Angestellte von Bus, Bahn, Post und Polizei leben nahe der Armutsgrenze oder sogar darunter. Rentner bewegen sich deutlich unter dem Existenzminimum und sind auf die Unterstützung durch Familienangehörige oder das Betteln angewiesen. Sie prägen daher das Stadtbild der Metropole. Um ihre wirtschaftliche Situation zu entschärfen, verkaufen sie am Straßenrand und auf den zahlreichen Märkten Moskaus selbst gezogenes Gemüse und entbehrliche Waren jeder Art. Im krassen Gegensatz dazu steht die wachsende Zahl erfolgreicher Geschäftsleute, Banker und Makler. Nicht jeder, der von der neuen wirtschaftlichen Situation profitiert, sollte voreilig mit der Russenmafia in Verbindung

> **„Die Stadt ist ein Zarenreich, doch das Land ein Paradies."**
>
> *Russisches Sprichwort*

gebracht werden. Wer bei westlichen Banken und Konzernen beschäftigt ist, wird für Moskauer Verhältnisse bestens bezahlt und hat nichts mit den vielen am Rande der Legalität arbeitenden Spekulanten, Schiebern und Kriminellen zu tun.

Seit der am 1. Oktober 1990 garantierten Religionsfreiheit erfährt die **russisch-orthodoxe Kirche** einen gewaltigen Zulauf. Es sind vermehrt junge Menschen und ganze Familien in den Kirchen anzutreffen. Beeindruckend sind die Bemühungen der russisch-orthodoxen Kirche, aus Staatsbesitz zurückgegebene Sakralbauten zu restaurieren und der eigentlichen Bestimmung zuzuführen.

Russlands Vorwärtskommen in Sachen **Marktwirtschaft** verläuft schleppend, sowohl Inflationsrate als auch Arbeitslosigkeit sind hoch. Die Situation Moskaus ist etwas besser, denn als Hauptstadt zieht sie Investoren und Gründer seit Jahren an. Dass jedoch auf nur 4 % aller Moskauer die Hälfte allen Geldes entfällt zeigt, wie weit die Schere zwischen Arm und Reich auseinander geht. Dennoch gibt es in Moskau von teurer westlicher Kleidung über Lebensmittel und Autos alles zu kaufen. Schlangen in den Geschäften gibt es nicht, da die angebotenen Waren für die meisten Hauptstädter viel zu teuer sind.

Moskau verfügt über vier **Flughäfen,** neun Kopfbahnhöfe, die Untergrundbahn **Metro** mit einem Streckennetz von ca. 260 km, drei große Häfen und einen 109 km langen Autobahnring, in den 13 Fernverkehrsstraßen münden.

Touristisch ist die Stadt gut erschlossen. Es gibt etliche Nobelherbergen, aber es fehlt an **Hotels** der mittleren Preiskategorie.

Man kann ca. 80 **Museen** besuchen. Die Tretjakow-Galerie und das Puschkin-Museum sind weltbekannt. Ebenso berühmt sind das Bolschoj-Theater und das Konservatorium, die die Palette der 30 **Theater** glänzen lassen.

029ts Abb.: pt

◀ *Nicht ganz echt: „Zar und Zarin" im Kreml*

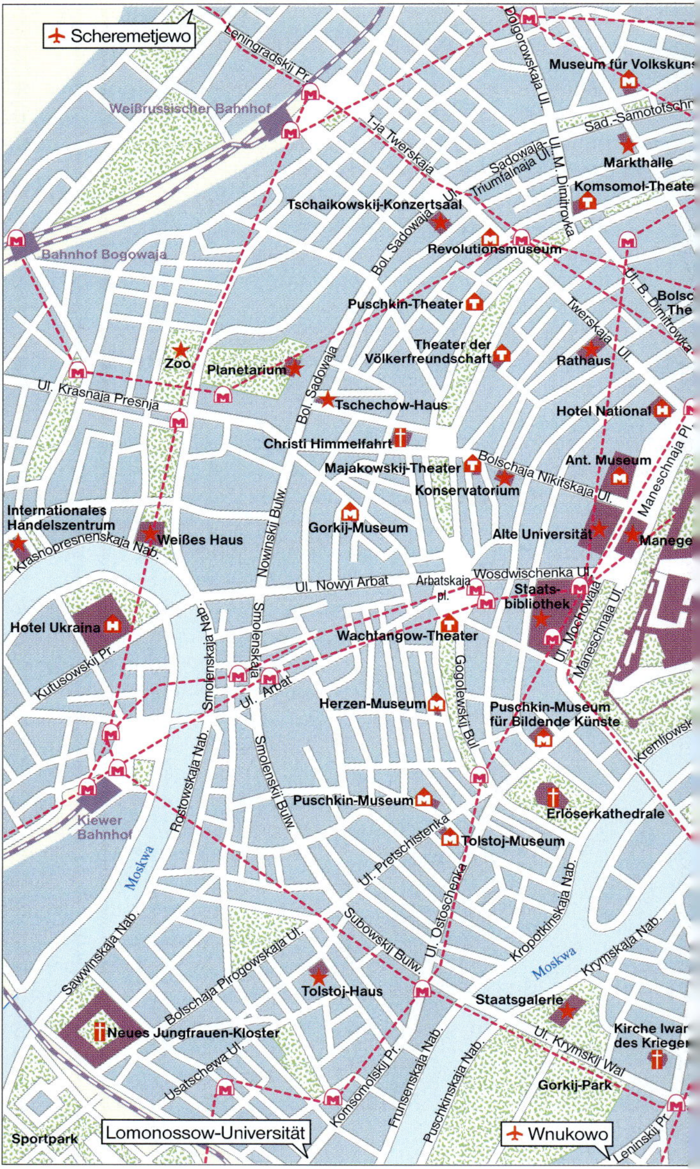
Scheremetjewo
Leningradskij Pr.
Dolgorowskaja Ul.
Weißrussischer Bahnhof
1-ja Twerskaja
Sad.-Samototschn
Markthalle
Sadowaja-Triumfalnaja Ul.
Ul. M. Dimitrovka
Komsomol-Theate
Tschaikowskij-Konzertsaal
Bol. Sadowaja Ul.
Revolutionsmuseum
Bahnhof Bogowaja
Ul. B. Dimitrowka
Puschkin-Theater
Twerskaja Ul.
Zoo
Theater der Völkerfreundschaft
Rathaus
Planetarium
Bol. Sadowaja
Ul. Krasnaja Presnja
Tschechow-Haus
Hotel National
Christi Himmelfahrt
Ant. Museum
Majakowskij-Theater
Bolschaja Nikitskaja Ul.
Maneschnaja Pl.
Konservatorium
Internationales Handelszentrum
Nowinskij Bulw.
Gorkij-Museum
Weißes Haus
Alte Universität
Manege
Krasnopresnenskaja Nab.
Ul. Nowyi Arbat
Arbatskaja pl.
Wosdwischenka Ul.
Staats-bibliothek
Hotel Ukraina
Smolenskaja Nab.
Smolenskaja
Wachtangow-Theater
Ul. Mochowaja
Maneschnaja Ul.
Kutusowskij Pr.
Gogolewskij Bul.
Ul. Arbat
Herzen-Museum
Puschkin-Museum für Bildende Künste
Rostowskaja Nab.
Smolenskij Bulw.
Puschkin-Museum
Erlöserkathedrale
Kiewer Bahnhof
Ul. Pretschistenka
Tolstoj-Museum
Moskwa
Ul. Ostoschenka
Kropotkinskaja Nab.
Subowskij Bulw.
Sawwinskaja Nab.
Bolschaja Pirogowskaja Ul.
Tolstoj-Haus
Moskwa
Krymskaja Nab.
Staatsgalerie
Neues Jungfrauen-Kloster
Kirche Iwar des Kriegei
Ul. Krymskij Wal
Usatschewa Ul.
Komsomolskij Pr.
Frunsenskaja Nab.
Puschkinskaja Nab.
Gorkij-Park
Leninskij Pr.
Sportpark
Lomonossow-Universität
Wnukowo

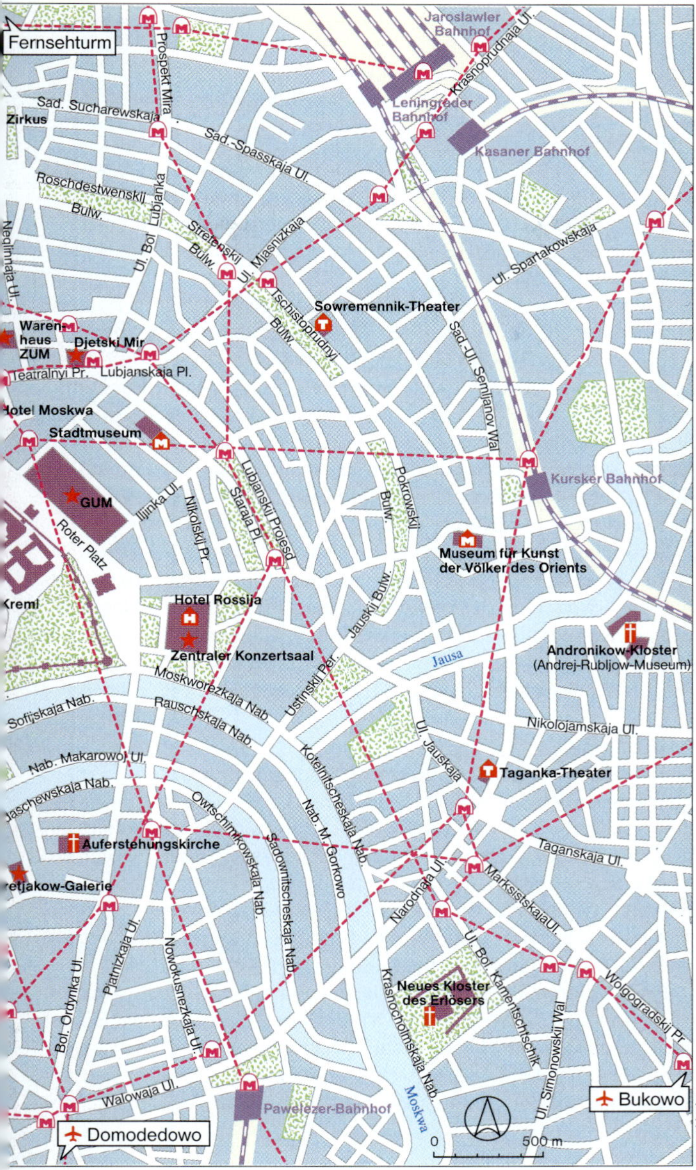

Fernsehturm
Jaroslawler Bahnhof
Leningrader Bahnhof
Kasaner Bahnhof
Krasnoprudnaja Ul.
Prospekt Mira
Sad. Sucharewskaja
Zirkus
Sad.-Spasskaja Ul.
Roschdestwenskij Bulw.
Ul. Bol. Lubjanka
Neglinnaja Ul.
Stretenskij Bulw.
Ul. Miasnizkaja
Tschistoprudnyj Bulw.
Ul. Spartakowskaja
Sowremennik-Theater
Sad.-Ul. Semljanov Wal
Warenhaus ZUM
Djetski Mir
Teatralnyi Pr.
Lubjanskaja Pl.
Hotel Moskwa
Stadtmuseum
Kursker Bahnhof
GUM
Iljinka Ul.
Nikolskij Pr.
Staraja Pl.
Lubjanskij Projesd
Pokrowskij Bulw.
Roter Platz
Museum für Kunst der Völker des Orients
Kreml
Hotel Rossija
Jauskij Bulw.
Zentraler Konzertsaal
Jausa
Andronikow-Kloster (Andrej-Rubljow-Museum)
Moskworezkaja Nab.
Ustinskij Per.
Sofijskaja Nab.
Rauschskaja Nab.
Nikolojamskaja Ul.
Nab. Makarowoi Ul.
Kotelnitscheskaja Nab.
Ul. Jauskaja
Taganka-Theater
Jaschewskaja Nab.
Owtschinnikowskaja Nab.
Nab. M. Gorkowo
Auferstehungskirche
Taganskaja Ul.
Sadowritscheskaja Nab.
Marksistskaja Ul.
Narodnaja Ul.
Tretjakow-Galerie
Piatnizkaja Ul.
Nowokusnezkaja Ul.
Ul. Bol. Kamentschtschik
Ul. Simonowskij Wal
Wolgogradskij Pr.
Bol. Ordynka Ul.
Neues Kloster des Erlösers
Krasnocholmskaja Nab.
Walowaja Ul.
Pawelezer-Bahnhof
Moskwa
Bukowo
Domodedowo
0
500 m

804ts Abb.: bu

Der Kreml

Geschichte

Der Kreml ist nicht nur das „Allerheiligste der Russen", „das Machtzentrum" oder „Herz und Seele Russlands", er ist auch ein kulturelles Highlight der Stadt. Die „Stadtfestung" befindet sich auf einer 28 Hektar großen Fläche und ähnelt im Grundriss einem unregelmäßigen Viereck.

Der Kreml, im 12. Jahrhundert als Befestigungsanlage gebaut, ist zugleich der älteste Teil Moskaus. Von der Zarenburg über den Verwaltungssitz der Sowjetunion bis hin zur Residenz des Präsidenten symbolisierte der Kreml über Jahrhunderte die Macht Russlands. Paläste und Kathedralen, das Regierungsgebäude, ein gigantischer Sitzungssaal, die größte Kanone und die schwerste Glocke der Welt werden von ca. 19 m hohen und bis zu 6,5 m dicken Mauern aus rotem Backstein umgeben. Ihre Länge beträgt 2235 m und ist mit Türmen und Toren bestückt.

Bereits im 13. Jahrhundert befand sich rund um den Kreml ein hölzerner Wehrzaun. Ein Indiz für den Machtanspruch Moskaus war immer die Erweiterung der Wehrbefestigung. 1812 zerstörte Napoleon während des Russlandfeldzuges den Kreml. Man baute ihn wieder auf und so ist er noch heute, neben dem „Weißen Haus", die politische Machtzentrale schlechthin und Sitz des russischen Präsidenten Putin.

Besichtigung

Der **Besuchereingang** zum Kreml befindet sich im Alexander-Garten. **Öffnungszeiten** sind täglich 10–17 Uhr. Da das Gelände ein Anziehungspunkt für Touristen aus aller Welt ist, muss mit langen Schlangen gerechnet werden. Daher sollte man gleich am Morgen mit der Besichtigung beginnen. Für eine Schnellvisite werden 2–3 Stunden benötigt. Wer sich für die Kirchen und Museen interessiert, sollte einen ganzen Tag einplanen. Allerdings gibt es im Kreml weder Restaurants, Cafés noch Imbiss-Stände und dergleichen.

Fotografieren und Filmen sind inzwischen erlaubt. Die Exponate in den Museen befinden sich meist hinter Glas, fotografieren mit Blitz ist daher zwecklos, stattdessen braucht man hochempfindliche Filme.

Der Eintritt auf das Gelände des Kremls ist vergleichsweise günstig. **Tickets** für Museen und Kirchen sind für Ausländer geradezu unanständig teuer (für alle Sehenswürdigkeiten ca. 45 US-Dollar). Es ist daher ganz praktisch, erst beim Rundgang zu entscheiden, welche Museen oder Kirchen man besichtigen möchte. Die Eintrittskarten können jeweils am Eingang erworben werden.

030ts Abb.: pt

▲ *Der Glockenturm „Iwan der Große“*

Gebäude im Kreml

- **Dreifaltigkeitsturm:** Das Tor benutzten schon die Patriarchen mit ihren Familien. Heute befindet sich dort der Eingang für Touristen.
- **Kongresspalast:** Der Palast wurde 1960/61 gebaut und ist das einzige moderne Gebäude im Kreml. Es bietet 6000 Menschen Platz. Statt politischer Veranstaltungen finden heute jedoch Opern, Rockkonzerte und Aufführungen des Kreml-Balletts statt.
- **Patriarchenpalast:** Der ehemalige Palast des Patriarchen Nikon ist heute Museum für Volkskunst. Präsentiert werden mehr als 1000 Ausstellungsstücke, die aus der Rüstkammer und aus unter Stalin geplünderten Kirchen und Klöstern stammen.
- **Glockenturm „Iwan der Große“:** Der 1505–1508 erbaute, elegante Turm heißt wegen seiner Höhe von 81 m der „Große“. Damit war er über Jahrhunderte nicht nur das höchste Gebäude des Kremls, sondern ganz Moskaus. Es durfte bis zum 20. Jahrhundert kein höheres Gebäude in Moskau errichtet werden.
- **Zarenglocke:** Sie ist mit 200 t die größte der Welt. Ihr Original fiel 1701 bei einem Brand vom Turm, wobei sie zerbrach. Die Einzelteile verschmolz man zu einer zweiten Glocke, die 1737 erneut einem Feuer zum Opfer fiel. Ein großes Stück brach heraus, als kaltes Löschwasser die heiße Glocke traf.
- **Zarenkanone:** Sie stammt aus dem Jahr 1586, ist 40 t schwer und 5,5 m lang. Die Kanone ist zwar die größte der Welt, hat aber nie auch nur einen Schuss abgegeben.

- **Mariä-Entschlafens-Kathedrale:** Sie ist seit dem 14. Jahrhundert die wichtigste Kirche Moskaus, die u. a. als Krönungsort der Zaren und als letzte Ruhestätte der Patriarchen der orthodoxen Kirche diente. Italienische Architekten lieferten die eleganten Entwürfe im Geist der Renaissance.
- **Erzengel-Kathedrale:** Diese Kathedrale ist die jüngste Kirche im Kreml. Am sehenswertesten ist der weiße Steinsarkophag Dimitrijs.

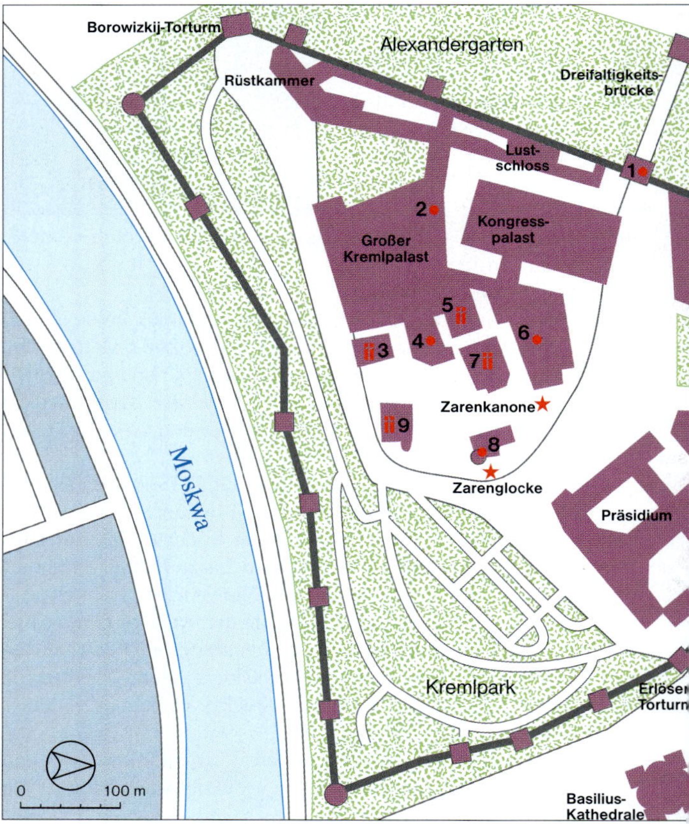

803ts Abb.: bu

Iwan der Schreckliche hatte seinen jüngsten Sohn Dimitrij in einem Wutanfall erschlagen. Der Leichnam Iwans selbst ist hinter der Ikonenwand bestattet.

- **Mariä-Verkündigungs-Kathedrale:** Sie wurde ausschließlich von russischen Architekten entworfen und ist daher im Inneren reichlich mit Fresken sowie einer Ikonenwand der größten russischen Ikonenmaler versehen.

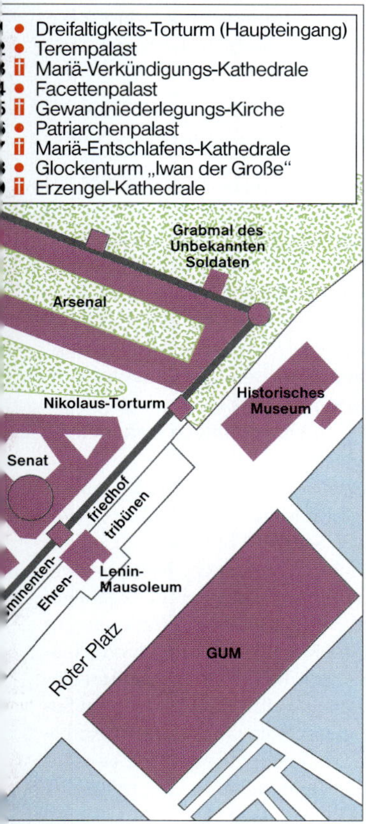

- **Facettenpalast:** Er wurde 1487–1491 nach Entwürfen zweier italienischer Architekten gebaut, ist aber für Touristen gesperrt.
- **Gewandsniederlegungs-Kirche:** Der Name der schlichten Kirche stammt von einem byzantinischen Feiertag ab. Die spitz zulaufenden Fassadenbögen erinnern an den Querschnitt einer Zwiebel.
- **Terempalast:** Er ist nach dem rot-weiß bedachten Pavillon des Hauptgebäudes benannt. Zar Michail Romanow bewohnte im zweiten Stock fünf luxuriöse Zimmer.
- **Großer Kremlpalast:** Bis zur Oktoberrevolution die Zarenresidenz. Nach 1917 vereinte man zwei der Säle zu einem großen Sitzungssaal für den Obersten Sowjet.
- **Präsidium:** Die frühere Ausbildungsstätte für Offiziere wurde später Sitz des Präsidiums des Obersten Sowjets.

◄ *Sehenswertes im Kreml und rund um den Roten Platz*

- **Arsenal:** Das frühere Lager für Waffen und Munition ist heute das Lokal der Kreml-Wache. Zwischen den 750 aufgereihten Kanonen befinden sich auch Beutestücke von den Truppen Napoleons.
- **Senat:** Der heutige offizielle Sitz Präsident Putins war 1919–1991 Tagungsort des sowjetischen Ministerrates. Lenin lebte mit seiner Familie im Obergeschoss. Im zweiten Weltkrieg befand sich hier das Hauptkommando der Roten Armee.
- **Rüstkammer:** Diese Anhäufung erstaunlicher Schätze, die russische Zaren und Fürsten über viele Jahrhunderte angesammelt haben, ist bereits seit 1844 auf Wunsch Zar Nikolaus I. ein Museum. Es sind lediglich Gruppenführungen möglich.

Roter Platz (krasnaja ploschtschad)

Ein Besuch des Roten Platzes ist für jeden Moskaubesucher ein Muss. Er ist das Herzstück der Hauptstadt. Von ihm aus erreicht man zu Fuß viele der dicht gedrängten Sehenswürdigkeiten.

Der Rote Platz ist der zentrale Platz im Herzen Moskaus. Er ist ca. 400 m lang und 150 m breit. Das Wort „Krasnaja“ wurde im 17. Jahrhundert aus dem Altslawischen abgeleitet und bedeutet sowohl „schön“ als auch „rot“. Die uns geläufige Bezeichnung „Roter Platz“ anstatt „Schöner Platz“ setzte sich erst im letzten Jahrhundert durch. Vor der Oktoberrevolution 1917 fanden auf dem Roten Platz religiöse Feiern, Märkte, aber auch öffentliche Hinrichtungen statt. Peter I. soll sogar selbst das Beil geschwungen haben.

Der Rote Platz war, und das wissen wenige, 120 Jahre lang auch Platz der Wissenschaft. Die 1755 gegründete erste Moskauer Universität nahm hier den Lehrbetrieb auf. Seit 1871 befindet sich in dem dunkelroten Backsteingebäude jedoch das Historische Museum. Die sozialistische UdSSR veranstaltete auf dem bekannten Platz jährlich am 7. November Militärparaden und am 1. Mai Demonstrationen der Arbeiter und Bauern. Für Russen ist der Rote Platz Symbol für die Geschicke des Landes. Sie kommen aus allen Teilen des Landes, um einmal über das berühmte Pflaster zu gehen. Selbst Rauchen war zu Sowjetzeiten auf dem geschichtsträchtigen Platz verboten. Für Aufsehen und Aufregung sorgte inmitten des„kalten Krieges“ die von der sowjetischen Luftabwehr unentdeckte Landung einer kleinen Cessna mit dem deutschen Piloten Matthias Rust im Jahr 1988.

Die bunten Zwiebeltürme der **Basilius-Kathedrale** an der Südseite des Platzes sind das Wahrzeichen der Stadt. Die Kathedrale gilt als Höhepunkt der Moskauer Architektur des 16. Jahrhunderts. Das eindrucksvolle Bauwerk mit achtstrahligem Sterngrundriss, den acht kleinen Kapellen, der zentralen Kirche und den „Zwiebeltürmen“, die zum Himmel schlagende Flammen symbolisieren, ist bunt bemalt und kann seit der Restaurierung auch von innen besichtigt werden.

Südwestlich grenzt der Rote Platz an die **Kreml-Mauer.** Davor befindet sich das **Lenin-Mausoleum.** Zu sozialistischen Zeiten besuchten Millionen Sowjetbürger die aus rotbraunem Granit erbaute Pilgerstätte. Heute interessieren sich weniger Menschen für den aufgebahrten Leichnam Lenins. Es gibt auch keine großen Wachablösungen, lediglich die Polizei behält Gebäude und Platz im Auge.

Wladimir Iljitsch Lenin, eigentlich Uljanow (1870–1924), gründete die Sowjetunion. Er war ein früher Kämpfer gegen den Zarismus, wurde 1895–1900 nach Sibirien verbannt und setzte sich 1903 an die Spitze der Bolschewisten. Nach dem Sieg der Oktoberrevolution übernahm er am 7.11.1917 die Macht.

Hinter dem Mausoleum, an der Kreml-Mauer, liegt der **Prominentenfriedhof.** Dort sind Staatsmänner wie Stalin und Breschnjew beigesetzt. Auch findet man hinter Grabplatten die Urnen bedeutender Sowjetbürger und ausländischer Kommunisten, darunter der Frau Lenins, Nadeschda Krupskaja, der deutschen Frauenrechtlerin Clara Zetkin und des ersten Mannes im Weltall, Juri Gagarin. Etwas zurück versetzt befindet sich das Auferstehungstor.

Einen großen Teil der Nordostfront nimmt das GUM, das größte Kaufhaus Moskaus, ein.

031ts Abb.: pt

◀ *Dreifaltigkeitsturm in der Kreml-Mauer – der Touristen-Eingang*

Stopps in Russland

032ts Abb.: pt

▶ *Hochzeit vor der prächtigen Fassade des GUM*

GUM

Hinter diesen drei Buchstaben verbirgt sich das bekannteste Kaufhaus Russlands. Früher stand GUM für „Gosudarstweny Universalny Magasin" = „Staatliches Universalkaufhaus", heute hat man es in Hauptkaufhaus umbenannt. Das ausgesprochen schöne Gebäude mit der neo-altrussischen Fassade befindet sich am Roten Platz gegenüber des Kreml auf Höhe des Lenin-Mausoleums.

Unter einem Glasdach sind auf drei Etagen etwa 200 Luxusläden mit einer Verkaufsfläche von 70.000 m^2 vereint. Zwar gleicht das üppige Warenangebot, besonders Schuhe kann man hier gut kaufen, inzwischen den Konsumtempeln der westlichen Welt, das Ambiente ist aber immer noch einzigartig. Das aus dem Jahr 1805 stammende Kaufhaus mit einer Grundfläche von 250 x 90 m besteht im Inneren aus lichtdurchfluteten Galerien in drei Hauptgängen, die über verschnörkelte Brücken miteinander verbunden sind. Kronleuchter, schmiedeeiserne Geländer, Stuck und Spiegelwände prägen den inneren Eindruck des Besonderen. Es ist zu bedauern, dass Wind und Flair vergangener Zeiten nicht mehr durch die Passage wehen.

Vor der Glasnost und Perestroika besuchten täglich einige hunderttausend Menschen aus allen Republiken der Sowjetunion das GUM. Heute ist der Charme dieser Zeit verflogen. Die Gänge sind nicht mehr mit drängenden Menschen gefüllt, denn die meisten Russen können diese Waren nicht kaufen.

Das GUM hat Mo. bis Sa. 9–20 Uhr und So. 10–17 Uhr **geöffnet.** Wer nicht gleich am Anfang der Reise sein Gepäck mit Einkäufen belasten will, der genießt einfach die Atmosphäre in einem der vielen Cafés oder Bistros.

Arbat

Die einzige Fußgängerzone in Moskau ist der Arbat. Dort reihen sich Geschäfte und Cafés aneinander. Das Publikum ist bunt gemischt. Touristen, Straßenmusikanten, normale Bürger und trendige Jugendliche trifft man hier Tag für Tag an.

Die Meile lädt zum Bummeln und Flanieren, Einkaufen und Verweilen ein. Es gibt zahlreiche Souvenirgeschäfte und Künstler porträtieren die Passanten.

Die Geschichte des Arbat lässt sich bis ins 15. Jahrhundert zurückverfolgen. Der selbst in der russischen Literatur mehrfach erwähnte Stadtteil war im 19. Jahrhundert beliebtes Wohnviertel für Adlige und Großbürgertum.

Im Haus Nr. 53 befindet sich heute ein ↗**Puschkin-Gedenkmuseum.** Im Jahre 1831 verbrachte der große russische Dichter dort die Flitterwochen mit seiner Gattin Natalja.

Alexander Puschkin *(1799-1837) gilt als Schöpfer der russischen Literatursprache. Seine Werke sind geprägt von tiefen Empfindungen und Humanitätsgedanken. Bekannte Werke sind „Der Gefangene im Kaukasus", „Eugen Onegin" und „Boris Godunow". Von 1811-1817 absolvierte Puschkin das Lyzeum, die bekannteste Eliteschule des Zarenreiches. Aus dieser Zeit stammen Freundschaften mit späteren Protagonisten des Dekabristenaufstandes. 1820 musste Puschkin wegen politischer Gedichte Petersburg verlassen und ging bis 1826 ins Exil. Danach war sein Schaffen der Zensur des Zaren unterstellt. Um die Ehre seiner Frau, deren sagenhafte Schönheit auch vom Zaren bewundert wurde, wieder herzustellen, duellierte sich Puschkin am 27. Januar 1837 und starb zwei Tage später an seinen Verletzungen. Heute sind Straßen, Museen und Plätze nach ihm benannt.*

Die Uliza Arbat verlor als Hauptgeschäftsstraße seit den sechziger Jahren des letzten Jahrhunderts immer mehr an Bedeutung. Die Gebäude verfielen und das Viertel verlor den Glanz früherer Zeiten. Nach umfangreicher Restaurierung zeigen sich die Villen und Bürgerhäuser des Arbat wieder mit pastellfarbenen, stuckreichen Fassaden, die nach alten Plänen und Zeichnungen wieder hergerichtet wurden. Heute ist sie wieder die lebendigste Straße der Hauptstadt.

033ts Abb.: pt

▲ *Beim Gleiten auf den schier endlosen Rolltreppen kann man die Pracht der Moskauer Metro bestaunen*

Metro

Die Moskauer Metro ist nicht nur das effektivste Verkehrsmittel der Stadt, sie ist auch eine der größten und saubersten Untergrundbahnen der Welt. Obwohl es keine Papierkörbe oder Abfallbehälter gibt, liegt nicht ein Schnipsel am Boden.

Schon Anfang des letzten Jahrhunderts kam, angesichts verstopfter Moskauer Straßen, erstmals die Idee zum Bau der Metro auf. Auf Grund von Protesten der Droschkenkutscher, die um ihre Arbeitsplätze fürchteten, und orthodoxer Geistlicher („Nur Tote gehören unter die Erde.") wurde der Gedanke vorerst verworfen. Fast 30 Jahre, in denen sich das Verkehrsproblem weiter verschärfte, mussten vergehen, bis Stalin die Metro als sozialistisches Vorzeigeobjekt bauen ließ. Die Stationen sollten **„Paläste für die Werktätigen"** werden und so verschlang das Projekt immense Mittel. Die Metro wurde im Mai 1935 eröffnet. Während des zweiten Weltkrieges nutzte man viele U-Bahn-Stationen als Luftschutzbunker. Später wurden sie zu atombombensicheren Schutzräumen umgerüstet. Auf elf Linien und 250 km Streckennetz werden heute täglich 9 Millionen Passagiere befördert. Viele der 161 Stationen sind unterirdische Meisterstücke der Architektur, gebaut aus Marmor und Granit, verziert mit Mosaiken, Fresken und Skulpturen und von Kronleuchtern erhellt. Damit ist die Moskauer Metro noch immer die schönste U-Bahn der Welt.

Eine Fahrt mit der Metro ist immer ein Erlebnis und die Besichtigung ein Muss. Die Züge verkehren im Minutentakt und man gelangt preiswert und schnell zu allen wichtigen Punkten der Stadt. Besonders **schöne Stationen** sind Majakowskaja, Komsomolskaja, Kiewskaja, Nowostoboskaja und Ploschad Rewoljuzij.

Über endlos scheinende **Rolltreppen** gelangt man zu den Stationen. Hier gilt folgende Regel: Auf der Rolltreppe stellt man sich immer rechts und lässt links Platz für die Eiligen, die zusätzlich laufen wollen.

Fahrkarten gibt es an allen Stationen. Man kann umsteigen, so oft man will, alles zum selben Preis. Bei einem Aufenthalt von mehr als 14 Tagen lohnt sich der Kauf einer Monatskarte.

Das **Streckensystem** der Metro ist übersichtlich aufgebaut. Jeder Linie ist eine Farbe zugeordnet. Ein Umsteigen auf jede Linie ist möglich und auf dem Streckenplan markiert. Trotz vieler Gänge kann man sich gut orientieren. Die Stationen sind bis ein Uhr nachts geöffnet.

Nowodewitschi-Kloster (nowodewitschij monastyr)

Zu den interessantesten Sehenswürdigkeiten Moskaus gehört das 1524 gegründete prächtige Neu-Jungfrauenkloster. Mit seinen rotweißen Mauern und den wunderschönen, filigran verzierten Kuppeln ist es vielleicht das schönste Kloster der Hauptstadt. Der Überlieferung zufolge stammt der Name von dem mittelalterlichen Marktplatz ab, auf dem die Tataren russische Mädchen für ihre Harems gekauft haben sollen. Die Silhouette des aus 15 Gebäuden bestehenden Komplexes gleicht einer Märchenstadt. Das von Wassilij III. gegründete Kloster sollte zu einem Ring von Wehrklöstern rund um Moskau gehören. Nach dem Bau der Hauptkathedrale, der Smolensker Kathedrale, wurden erst Ende des 16. Jahrhunderts Mauern und Türme errichtet. Sie erinnern sehr an die Kreml-Mauern. Das im Moskauer Barock gestaltete Kloster erlebte seine Blütezeit im 17. und 18. Jahrhundert. Vor allem junge, der Oberschicht angehörende Frauen wurden ins Kloster verbannt, wenn sie zu viel Einfluss hatten oder dem Zaren gefährlich wurden. Dennoch wurden sie von ihren zumeist adligen Familien materiell bestens versorgt und konnten damit die Bauaktivitäten forcieren. 1922 schlossen die Sowjets das Kloster und erst nach der Wende wurden die alten Traditionen wieder belebt. Seit 1994 bewohnen wieder Nonnen das Neu-Jungfrauenkloster.

Das Kloster ist täglich außer Di. 10–17 Uhr geöffnet. Die nächstgelegene Metrostation heißt Sportiwnaja.

Ein Besuchermagnet ist auch der **Neue Friedhof** außerhalb der Klostermauern. Als Prominentenfriedhof war er jahrelang der Öffentlichkeit vorenthalten, woran hauptsächlich die Gräber in Ungnade gefallener, hochrangiger Genossen Schuld waren. Der Friedhof wurde 1898 angelegt. Auf ihm ruhen Persönlichkeiten, die in Russland und später in der Sowjetunion Rang und Namen hatten, darunter Andrej Tupolew, David Oistrach, Sergej Iljuschin, Ilja Ehrenburg, Sergej Prokowjew, Anton Tschechow, Nikolaj Gogol, Wjatscheslaw Molotow, Michail Buljakow und Fjodor Schaljapin. Manche Gräber wurden von Künstlern gestaltet und stellen den Bezug zum Ruhm des Verstorbenen her. Einige Prominente wurden erst lange nach ihrem Tod hierher umgebettet.

Am Eingang des tägl. 10–17 Uhr geöffneten Friedhofs gibt es auch Pläne der Anlage mit den Namen der Grabstätten zu kaufen.

Praktische Informationen

Tourenanbieter

- ***G&R International,*** *Uliza Junosti 5/1, Institut der Jugend, Block 6, Büro 38 und 39, Tel. +7 (095) 3 74 73 66, Fax 3 74 73 66, E-Mail: grtour@online.ru, Internet: http://grint.tos.ru/*
- ***Andrew's Consulting,*** *Ploschad Nowaja 10, Tel. +7 (095) 2 58 51 98, Fax 2 58 51 99, E-Mail: info@andrews-consulting.ru, Internet: www.andrews-consulting.ru*
- ***Infinity Travel,*** *Komsomolski Prospekt 13, Tel. +7 (095) 2 34 65 55, Fax 2 34 65 56, E-Mail: info@infinity.ru, Internet: www.infinity.ru*
- ***Intourist-Büro im Hotel Ismailowo,*** *Ismailowskoje Schosseé 71, Tel. +7 (095) 1 66 51 31, Fax 1 66 51 32.*
- ***Intourist-Büro im Hotel Intourist,*** *Uliza Twerskaja 3, Tel. +7 (095) 2 03 40 08.*

Übernachtung (preiswert und ohne großen Komfort)

- ***Travellers Guest House,*** *Uliza Bolschaja Perejaslawskaja Str. 50, Tel. +7 (095) 9 71 40 59 oder 2 80 85 62, Fax 2 80 76 86, E-Mail: tgh@startravel.ru*
- ***Prakash Guest House,*** *Uliza Profsojusnaja 83, Tel./Fax +7 (095) 3 34 25 98, E-Mail: ralekc@misa.ru*
- ***Hotel Zentralnaja,*** *Uliza Twerskaja 10, Tel. +7 (095) 2 29 89 57.*
- ***Hotel Kiewskaja****, Uliza Kiewskaja 2, Tel. +7 (095) 2 40 12 34.*
- ***Hotel Sputnik,*** *Leninski Prospekt 38, Tel. +7 (095) 9 38 71 06.*

Übernachtung (mittlere Kategorie)

- ***Hotel Moskwa,*** *Okchotni Rjad 2, Tel. +7 (095) 9 60 20 20, Fax 9 28 59 38.*
- ***Hotel Rossija,*** *Uliza Warwarka 6, Tel. +7 (095) 2 32 60 46 und 2 32 62 54, Fax 2 32 62 48 und 2 32 62 83, E-Mail: h-russia@col.ru*
- ***Hotel Aeropolis,*** *Leningradski Prospekt 37, Tel. +7 (095) 1 51 04 42.*
- ***Hotel Ismaulowo,*** *Ismaulowski Sosche 71, Tel. +7 (095) 1 66 41 27, Fax 1 66 74 86.*
- ***Hotel Ukraina,*** *Kutuzowski Prospekt 2/1, Tel. +7 (095) 2 43 30 30, Fax 2 43 30 92.*
- ***Hotel Intourist,*** *Uliza Twerskaja 3/5, Tel. +7 (095) 9 56 84 00, Fax 9 56 84 50.*

Ural

Von Moskau in Richtung Osten durchquert die Transsib einen großen Teil Zentralrusslands und erreicht nach dem Uralvorland mit dem Ural die natürliche **Grenze zwischen Europa und Asien.** Verlässt man die Stadt Perm, führt die Transsibstrecke durch den Ural. Auf dem durchschnittlich 500 m hohen Plateau bekommt der Reisende jedoch nicht wirklich den Eindruck eines Gebirges. Zwischen Shalja und Jekaterinburg, am Kilometer 1777, steht rechts der bekannte, vier Meter hohe Obelisk, der die geografische Grenze der Kontinente markiert.

Der Ural reicht von Workuta im Norden bis nach Aktjubinsk im Süden. Die Gesamtlänge beträgt etwa 2500 km. Der Ural ähnelt einem Mittelgebirge und erreicht seinen höchsten Punkt bei 1894 m. Das „Paradies der Mineralien" genannte Gebirge ist mindestens 200 Millionen Jahre alt und reich an Bodenschätzen wie Eisen, Kupfer, Mangan sowie Edel- und Halbedelsteinen.

Erste menschliche Siedlungen wurden aus der Zeit von 35.000 bis 10.000 v. Ch. gefunden. Die Verarbeitung von Kupfer und Bronze ist ab 2000 v. Ch. nachweisbar. Die organisierte Gewinnung von Bodenschätzen im Ural kann bis ins 17. Jahrhundert zurückverfolgt werden. Im 18. Jahrhundert gab es die ersten metallurgischen Betriebe. Ab 1876 erschloss man den Ural durch Eisenbahnlinien auf verschiedenen Strecken.

Seit der Oktoberrevolution 1917 vollzog sich im Ural eine enorme wirtschaftliche Entwicklung, die selbst Kasachstan, Sibirien und den Fernen Osten beeinflusste. 1926 gab es im Uralgebiet gerade 26 Städte, heute sind es fast 100 mit mehr als 20 Millionen Einwohnern. Im zweiten Weltkrieg wurde die sowjetische Kriegsindustrie maßgeblich vom Ural aus gelenkt. Nach dem Überfall Deutschlands auf die Sowjetunion 1941 wurden unzählige Unternehmen in den Ural verlegt, wo zu dieser Zeit fast die Hälfte des sowjetischen Kriegsmaterials produziert wurde. Die gesamte wirtschaftliche Entwicklung erhielt dadurch einen gewaltigen Schub.

Wichtige Industriezweige sind heute Maschinenbau, Metall-, chemische und holzverarbeitende Industrie. Die Produktion von Gusseisen, Stahl und Papier deckt große Teile des Bedarfs in Russland. Dadurch nimmt aber auch die Umweltbelastung, z. B. durch Rauchemission und atomare Strahlenbelastung, zu.

Jekaterinburg

Jekaterinburg liegt am Transsib-Kilometer 1816. Nach ca. 25 Stunden Fahrzeit fährt der Zug in den Bahnhof der von den Einwohnern auch **„Hauptstadt des Ural"** genannten Stadt ein.

Jekaterinburg wurde nach Katharina der Großen benannt. Es wurde im Jahr 1721 gegründet und entwickelte sich, als erste größere Stadt auf sibirischem Territorium, zu einer Brücke zwischen Europa und Asien.

Als „Fenster nach Asien" wuchs die Stadt unter Peter dem Großen und man begann, die Naturreichtümer des Ural zu erschließen. Im Jahr 1783 bekam der Ort Stadtrecht. Erst etablierten sich Erzgewinnung und Eisenproduktion, später kamen Metallproduktion, Schwermaschinenbau und chemische Industrie hinzu.

Bald wurden Handels- und Kriegsschiffe gebaut und die Metallfabriken galten als die besten Eurasiens. Auch die reichen Edelstein-, Gold- und Diamantenvorkommen brachten Wohlstand und Reichtum in die Stadt.

Die erste Hälfte des 19. Jahrhunderts war das wahrhaftig „Goldene Zeitalter" der Stadt. Nach der Oktoberrevolution 1917 brach die Industrie zusammen, aber die im zweiten Weltkrieg in den Ural in Sicherheit gebrachten Fabriken dominieren noch heute das Stadtbild.

1918 wurde in Jekaterinburg die **Zarenfamilie ermordet**. Ihre Leichen wurden etwa 40 km außerhalb der Stadt, an einem lange Zeit geheimen Ort, vergraben. 1991 begann die Suche nach den sterblichen Überresten der Romanows. Schließlich fand man die Leichen, die dann, nach einer sichernden DNA-Analyse, 1998 in der Petersburger St.-Pauls-Kathedrale bestattet wurden.

Der ehemalige russische Präsident, **Boris Jelzin,** wurde als Sohn eines Bauern ca. 200 km östlich der Stadt geboren. Er studierte an der Technischen Universität Jekaterinburgs, trat in die Kommunistische Partei ein und ging 1985 nach Moskau.

Die 1924–1991 nach **Swerdlow,** dem ersten Ministerpräsidenten, umbenannte Stadt, heißt heute wieder Jekaterinburg und hat ca. 1,5 Millionen Einwohner. Wegen ihrer Militär- und Industrieanlagen war die Stadt bis 1991 touristisches Sperrgebiet, was sie heute für Besucher oft besonders interessant und reizvoll macht. Die touristische Infrastruktur lässt allerdings noch zu wünschen übrig.

Sehenswertes

- **Geologiemuseum:** Für Interessierte ist sie eine mineralische Fundgrube, da über 20.000 aus dem Ural stammende Steine hier ausgestellt sind.
- **Museum für Bildende Künste:** Neben der beeindruckenden Sammlung russischer und westeuropäischer Malerei ist dort auch Russlands Beitrag der Weltausstellung im Jahre 1900 in Paris, der gusseiserne Pavillon, ausgestellt.
- **Auferstehungskirche**
- **Gedenkstätte für die ermordete Zarenfamilie**
- **Heimatmuseum:** Eine Sonderausstellung zeigt Leben und Tod der Romanows.
- **Militärmuseum:** Militärtechnik und Fragmente des amerikanischen U2-Spionageflugzeuges, das 1960 über dem Ural abgeschossen wurde, sind hier zu sehen.
- **Museum für Stadtgeschichte** (mit Wachsfigurenkabinett)
- **Museum für Stein- und Juwelierkunst**

Praktische Informationen

Tourenanbieter

- ***Jekaterinburg Convention & Visitor Bureau,*** *Uliza Nowogorodzewoi 25/2, Tel. +7 (3432) 48 54 51 und 55 15 49, Fax 55 16 64.*
- ***Intourist,*** *Prospekt Lenina 40, Tel. +7 (3432) 51 84 34, Fax 51 84 34.*
- ***Sputnik,*** *Uliza Puschkina 5, Tel. +7 (3432) 51 37 43 und 51 91 57, Fax 51 34 83.*
- ***Globe Tour,*** *Uliza Dscherdschinski 2, Tel. +7 (3432) 58 98 19, Fax 51 64 55.*

Übernachtung

- ***Atrium Palace Hotel*** *(teuer!), Sibirski Prospekt 44, Tel. +7 (3432) 55 60 76, Fax 55 51 36.*
- ***Iris,*** *Uliza Bardina 4, Tel. +7 (3432) 28 91 45, Fax 28 62 92.*
- ***Hotel Magister,*** *Uliza 8. Marta 50, Tel. +7 (3432) 22 42 06, Fax 22 56 74.*
- ***Hotel Zentralnaja,*** *Uliza Malischewa 74, Tel. +7 (3432) 55 11 09.*
- ***Hotel Iset,*** *Prospekt Lenina 69, Tel. +7 (3432) 55 69 43.*
- ***Hotel Bolschoi Ural,*** *Uliza Krasnoarmeiskaja 1, Tel. +7 (3432) 55 68 96.*
- ***Hotel Swerdlowsk,*** *Uliza Scheljuskinzew 106, Tel. +7 (3432) 53 62 61.*
- ***Hotel Eurasia,*** *Prospekt Lenina 40, Tel. +7 (3432) 57 80 28.*

0334ts Abb.: pt

Der Bahnhof in Omsk

Omsk

Omsk liegt südlich von Moskau am Transsib-Kilometer 2717. Der Zug fährt dorthin ca. 45 Stunden.

1716 gründete Ivan Bucholtz am Zusammenfluss von Om und Irtysch die „Omsker Festung". 1783 erhielt sie Stadtrecht und wurde 1823 Gebietshauptstadt der Omsker Region. Auf Grund ihrer günstigen geografischen Lage wurde sie schnell zu einem größeren Handelszentrum. Berühmt wurde die Stadt auch als Verbannungsort. Bekanntester Häftling der Festung war 1850–1854 der Schriftsteller ↗Fjodor M. Dostojewski.

Von 1839 bis zur Oktoberrevolution war Omsk auch die Hauptstadt der Kosaken. Erste Fabriken wurden gegründet. Durch den Bau der Transsibirischen Eisenbahn gewann die Stadt weiter an Bedeutung. Es kamen Konsulate verschiedener europäischer Länder und der USA sowie Niederlassungen der größten russischen Banken nach Omsk. 1917 war Omsk die größte Stadt Sibiriens.

Heute hat die Stadt ca. 1,3 Millionen Einwohner und der ganze Verwaltungsbezirk ist in etwa so groß wie die alte Bundesrepublik. Omsk war bis zur Perestroika eine Schwerindustrie- und Rüstungsstadt. Heute ist die wirtschaftliche Situation schwierig. Alte Strukturen und Korruption hemmten lange die Entwicklung der Stadt. Seit 1999 haben die Investitionen deutlich zugenommen. Das günstige Investi-

Fjodor M. Dostojewski (1821–1881) *entstammte einer verarmten Adelsfamilie. 1849 wurde er wegen der Teilnahme an Treffen des utopisch-sozialistischen Petraschewski-Kreises zum Tode verurteilt. Vor der Hinrichtung begnadigte man ihn und schickte ihn für vier Jahre zur Verbannung nach Sibirien in die Omsker Festung. Seine „Aufzeichnungen aus dem Totenhaus" schildern die Leidenszeit. Weitere bekannte Werke: „Schuld und Sühne", „Der Idiot", „Der Spieler" und „Die Brüder Karamasow".*

tionsklima kurbelt die Wirtschaft langsam wieder an.

Es gibt spezialisierte High-Tech-Unternehmen im Bereich der Erdölraffinerie und der Petrochemie und ein riesiges Landwirtschaftskombinat.

Von Nov. bis März herrscht tiefster Winter mit sibirischer Kälte von bis zu −35 °C. Im Sommer dagegen ist es bis zu 40 °C heiß und trocken.

Zwar ist Omsk die zweitgrößte Stadt Sibiriens, aber sie ist nur bedingt sehenswert bzw. einen Zwischenstopp lohnend.

Sehenswertes

- **Akademisches Theater:** Beeindruckendes Gebäude von 1905.
- **Konzertsaal der Kammermusik:** Frühere Kirche (1840).
- **Museum für Russische Feuerwehrtechnik**
- **Dostojewski-Museum**
- **Kunstmuseum:** Eines der besten in Sibirien. Mit Verkauf von Kunst.
- **„Grüne Insel":** Hier gibt es Badestrände, Wald und Sportanlagen, Segelschule und Yachthafen, Diskothek, Kino und Nachtclub.

Praktische Informationen

Tourenanbieter

- ***Intourist,*** *Prospekt Karla Marxa 43, Tel. +7 (3812) 31 14 90.*
- ***Turist,*** *Uliza Gagarina 2, Tel. +7 (3812) 25 06 24.*

Übernachtung

- ***Hotel Omsk,*** *Irtischskaja Nabereschnaja 30, Tel. +7 (3812) 31 07 21.*
- ***Hotel Majak,*** *Uliza Lermontowa 2, Tel. +7 (3812) 31 54 31.*
- ***Hotel Tourist,*** *Uliza Tito 2, Tel. +7 (3812) 31 64 14.*
- ***Hotel Sibir,*** *Uliza Lenina 22, Tel. +7 (3812) 31 25 71.*

Nowosibirsk

Überblick

Von Moskau nach Nowosibirsk fährt der Zug 3344 km in etwa 52 Stunden. Dann erreicht er die Hauptstadt Sibiriens, die im asiatischen Teil Russlands am Oberlauf des ↗Ob liegt.

Mit 1,5 Millionen Menschen ist Nowosibirsk die einwohnerstärkste Stadt Sibiriens und die viertgrößte Russlands. Die Stadt ist relativ jung. Erst 1993 feierte sie ihr 100-jähriges Bestehen. Im Zuge des Baus der Transsibirischen Eisenbahn wurde 1883 am Kreuzungspunkt des Ob eine Siedlung namens Nowo-Nikolajewsk errichtet, die 1907 Stadtrecht erhielt. 1926 bekam sie den Namen Nowosibirsk, was übersetzt „Neue Stadt in Sibirien" heißt. Aus der Siedlung Nowo-Nikolajewsk mit ihren 7000 Einwohnern wurde bis 1925 eine Stadt mit 120.000 Einwohnern. Anfang der 1960er Jahre überstieg die Zahl, erstmalig in Sibirien, die Millionengrenze. Mit dem industriellen Aufschwung in den dreißiger Jahren entwickelte sich die Stadt schnell zu einem wichtigen Industriestandort mit Schwer-, Hütten- und Maschinenindustrie. Nach dem 2. Weltkrieg gewann Nowosibirsk als Militärstandort und durch die Atomwaffenforschung an Bedeutung. 1957 machte ↗Chruschtschow die Stadt zum Forschungszentrum der Rüstungsindustrie.

Nowosibirsk ist heute noch immer ein wichtiger Verkehrsknotenpunkt von Transsib und Turksib (Strecke nach Kasachstan und Mittelasien) und zugleich ein bedeutendes regionales Finanz-, Handels- und Messezentrum. Es gibt 15 Hochschulen, drei Universitäten und mehrere Institute. Sehr bekannt ist die in den 50er Jahren auf

Nikita Nikolajewitsch Chruschtschow (1894–1971)
wurde nach dem Tod von Stalin im Jahre 1953 Erster Generalsekretär der KPdSU. 1956 leitete er die Entstalinisierung ein. Er brachte ein Programm zur Gewinnung von Neuland und die Reform der Wirtschaftsverwaltung auf den Weg. Außenpolitisch trat er mit seiner Diplomatie der Entspannung für friedliche Koexistenz ein. Dennoch zeigte allein der Bau der Mauer 1961 deutliche Grenzen. 1964 wurde Chruschtschow von innerparteilichen Gegnern in seiner Funktion als Staats- und Parteichef abgesetzt. Ihm folgte Leonid Breschnew.

Der Ob

Der Ob ist mit einer Länge von 3680 km der größte Fluss Westsibiriens. Er fließt vom Süden in den Norden, wo er ab Mitte Oktober für ca. 220 Tage im Jahr gefriert. Schmilzt das Eis im Frühjahr, staut sich das Wasser am Oberlauf und der Fluss breitet sich mehrere Kilometer weit aus. Der Ob ist somit nur für eine kurze Zeit des Jahres für die Schifffahrt frei. Auf einer Länge von 1900 km ist er sehr strömungsarm und weist nur ein Gefälle von 100 m auf. Nach dem Zusammenfluss mit dem Irtysch erreicht der Strom eine Breite von 25 km.

der grünen Wiese aus dem Boden gestampfte Wissenschaftsstadt **Akademgorodok.** Die Stadt, in der etwa 70.000 Menschen leben, befindet sich ca. 28 km südlich von Nowosibirsk am Ufer des Ob-Stausees. Unzählige Wissenschaftler zogen freiwillig nach Akademgorodok in die sibirische „Denkfabrik", da die Arbeitsbedingungen optimal waren und intensiv Forschung betrieben wurde. Heute fehlt häufig das Geld und viele Forschungsprojekte müssen ruhen, was zu hoher Arbeitslosigkeit führt. Nicht wenige hochqualifizierte Wissenschaftler sind abgewandert oder müssen ihren Lebensunterhalt mit dem Verkauf von Souveniren, Blumen, Obst und Gemüse verdienen.

036ts Abb.: pt

▶ *An manchen Stellen kann man die gigantischen Dimensionen des Ob nur erahnen*

Sehenswertes

Ein Zwischenstopp in der Stadt lohnt sich für denjenigen, der die Größe der Stadt und die Besonderheit von Akademgorodok erleben möchte. Das Stadtbild ist typisch sozialistisch mit funktionalen Plattenbauten, breiten Straßen, großen Plätzen und nur vereinzelt alter Holzhausarchitektur.

- **Bahnhof:** Das größte und eindrucksvollste Bahnhofsgebäude entlang der Transsib, errichtet 1930–1941, gleicht der Silhouette einer überdimensionalen Lokomotive. Das sehr schöne, grün-weiße Bauwerk wird täglich von ca. 75.000 Passagieren frequentiert.
- **Zerkov Trochanova:** Die Kirche wurde um 1900 errichtet.
- **Museum in der Dimitrova-Str.:** Dort wird ein ausgegrabenes Mammutskelett gezeigt.

Praktische Informationen

Deutsches Generalkonsulat

- *Krasnij Prospekt 28, 630099 Nowosibirsk, Tel. +7 (3832) 23 14 11, Fax +7 (3832) 23 44 17, E-Mail: gk_nowo@mail.cis.ru*

Tourenanbieter

- ***Nowosibirsktourist,*** *Uliza Schamschurina 10, Tel. +7 (3812) 22 32 37.*
- ***Agenturbüro Sputnik,*** *Krasnij Prospekt 76, Tel. +7 (3812) 20 58 42 und 20 58 54.*
- ***Tourismusbüro Sibir,*** *Woksalnaja Magistral 1, Tel. +7 (3812) 21 53 53 und 201201, Fax 21 12 27.*
- ***Touristenagentur Akris,*** *Prospekt Dimitrowa 7, Tel. +7 (3812) 21 19 33.*
- ***Internationale Reiseagentur,*** *Prospekt Karla Marxa 30/k, Tel. +7 (3812) 49 55 03, Fax 23 95 29.*

Übernachtung

- ***Hotel Zentralnaja,*** *Uliza Lenina 3, Tel. +7 (3832) 22 03 13.*
- ***Hotel Sibir,*** *Uliza Lenina, Ecke Prospekt Dimitrowa*
- ***Hotel Ujut,*** *Uliza Bljurera 77, Tel. +7 (3832) 46 17 59.*

Krasnojarsk, Jenissej

Überblick

Nach 4104 km Fahrt erreicht der Zug Krasnojarsk. Die Stadt liegt an den Ufern der Flüsse Jenissej und Katscha und hat über 900.000 Einwohner. Krasnojarsk wurde 1628 von Andrej Dubinski gegründet. Seine Kosaken errichteten im Vorland des Sajan-Gebirges an der Mündung der Katscha die Siedlung Krasny Jar („Rote Schlucht"). Wie ganz Sibirien war auch Krasnojarsk ein Verbannungsort. Häufig zogen Gefangenentransporte durch die Stadt. Mit dem Bau des Handelsweges von Moskau nach Sibirien („Moskauer Trakt") begann die zügige weitere Entwicklung der Stadt.

Heute ist Krasnojarsk das Zentrum einer riesigen Region, die sich über 3000 km von den Gebirgen Südsibiriens bis hin zum nördlichen Eismeer erstreckt. Die Fläche dieser Region entspricht mit mehr als 2 Millionen km^2 etwa 13,6 % der Fläche Russlands. Die Bevölkerungsdichte ist allerdings gering. Nur etwa 3 Millionen Menschen verteilen sich auf diesem großen Gebiet. Im Norden finden sich reiche Vorkommen an Bodenschätzen wie Platin, Nickel, Kohle, Blei, Kobalt, Zink, Kadmium, Wolfram, Quecksilber, Mangan, Magnesium und Bauxit. Allerdings sind diese Gebiete schlecht erschlossen. Chemie-, Erdöl- und Pharmaindustrie wachsen, auch die Lebensmittelindustrie ist gut entwickelt. Der Export von Produkten aus Stahl und Kautschuk steigt. Durch hohe Transportkosten ist der Export von Holz rückläufig.

Das Gebiet wird von zwei Eisenbahnmagistralen, der Transsibirischen und der Südsibirischen Eisenbahn erschlossen. Der wichtigste Transportweg ist dennoch der Jenissej, der mit seinen Nebenflüssen eine Länge von 7000 km erreicht. An ihm liegen vier große Binnenhäfen. Zwei sind so groß, dass selbst Überseeschiffe einlaufen. Zwei Atomeisbrecher sorgen für einen Korridor zum Eismeer.

Sehenswertes

- **Kirche zu Maria Schutz und Fürbitte:** Das ältestes Steinbauwerk der Stadt ist ein Musterbeispiel des sibirischen Barock.
- **Katholische Kirche:** Sie wurde 1911 von polnischen Verbannten im gotischen Stil erbaut.

- **Museum für Landeskunde:** Hier gibt es Informationen über die Geschichte der Stadt. Interessant ist das Äußere des Museums, es gleicht einem ägyptischen Tempel.
- Landsitz des russischen **Malers Wassili Surikow**

Wer die Natur und das Flair einer am Strom gelegenen Stadt liebt, Ausflüge in die Wälder unternehmen oder eine Flusskreuzfahrt machen möchte, sollte einen Zwischenstopp in Krasnojarsk einlegen.

Der gewaltige Jenissej mit seinen breiten Ufern und einer Länge von über 4000 km war auch schon den alten Griechen ein Begriff. Sie nannten ihn nur Plutos-Strom. Die Russen nennen ihn, als Ausdruck ihrer Verehrung, im Volksmund auch „Vater". Die uns bei weitem bekanntere Wolga ist dagegen, in russischen Dimensionen gesehen, eher klein. Ihr Einzugsgebiet ist nur halb so groß wie das des Jenissej.

Krasnojarsk ist Ausgangspunkt zahlreicher Flusskreuzfahrten auf dem wasserreichen Strom zum nördlichen Eismeer oder in Richtung Süden nach Chakassien oder Tuwa.

Die malerische Gegend hebt sich wohltuend von anderen Städten Sibiriens ab. In der Nähe der Stadt findet man die Kujumsker Berge und einen Naturschutzpark namens Stolby.

Stromabwärts liegt die berüchtigte Kasatschinsker Stromschnelle des Jenissej. Besonders bei Abenteurern ist diese gefährliche, aber auch malerisch gelegene Stelle beliebter Anziehungspunkt.

Die Angara, auch „Blaues Wunder Sibiriens" oder „Tochter des Heiligen Baikal", ist der größte Nebenfluss des Jenissej. In ihrem Mündungsgebiet in den Jenissej gibt es reiche Steinkohle-, Eisenerz-, Glimmer- und sogar Goldvorkommen.

Praktische Hinweise

Übernachtungen

- ***Hotel Jenissej,*** *Uliza Dubrowinskowo 80, Tel. +7 (3912) 27 82 62.*
- ***Hotel Sewer,*** *Ecke Uliza Lenina/Uliza Dscherdschinskowa, Tel. +7 (3912) 22 41 14.*
- ***Hotel Tourist,*** *Uliza Matrosowa 2, Tel. +7 (3912) 36 14 70.*
- ***Hotel Krasnojarsk,*** *Uliza Uritskowo 94, Tel. +7 (3912) 27 37 69.*
- ***Hotel Oktjaberskaja,*** *Uliza Mira 15, Tel. +7 (3912) 27 19 16, E-Mail: october@krsk.ru, Internet: http://tlcom.krs.ru/october*

Irkutsk

Überblick

Die Stadt, die durch die Angara in zwei Abschnitte geteilt wird, erreichen Sie nach 5191 km Bahnfahrt. Mit ihren ca. 650.000 Einwohnern gilt Irkutsk als Hauptstadt Ostsibiriens. Für dortige Verhältnisse handelt es sich um eine aufstrebende, pulsierende Stadt in Nähe zum legendären Baikalsee. Nicht nur als Knotenpunkt der Transsibirischen Eisenbahn mit dem Fluss Angara hat sie eine zentrale Bedeutung. Auch industriell, politisch und geschichtlich ist Irkutsk eine der wichtigsten Städte Sibiriens.

Der Ursprung der Stadt geht auf einen Kosakentrupp unter Leitung Jakow Pochabows zurück. 1661 errichtete er eine Holzfestung. Immer mehr Menschen siedelten sich dort auf der Suche nach den Reichtümern Sibiriens an. Unter ihnen viele, die für immer nach Sibirien verbannt wurden.

Bald wurde die Stadt zum Umschlagplatz sibirischer Pelze, Seide und chinesischen Tees. Begünstigt wurde diese Entwicklung durch die östliche Lage von Irkutsk. Wegen ihrer Nähe zur Mongolei und zu China wird Irkutsk auch „Fenster zum Osten" genannt.

Sehenswertes

Maßgeblich zur Entwicklung der Stadt trugen die ↗**Dekabristen** bei. Ihrem Wirken ist das Dekabristenmuseum gewidmet, das außer dienstags täglich von 10–18 Uhr geöffnet ist. Die Wohnhäuser der Familien Wolkonski und Trubezkoi sind als Gedenkstätten zu besichtigen. Es gibt aus jener Zeit Möbel, Instrumente, Gebrauchsgegenstände und vieles mehr zu sehen.

Das **Heimatkundemuseum** wurde im Jahre 1782 gegründet. Zu bestaunen sind mehr als 350.000 Ausstellungsstücke, unter ihnen viele Raritäten. Neben alten handgeschriebenen Büchern und Berichten von Expeditionen sind kunsthandwerkliche Exponate, eine große Mineraliensammlung und vieles mehr zu bestaunen.

Das **Kunstmuseum** beherbergt ca. 14.000 Kunstwerke, angefangen bei Gemälden über Skulpturen bis hin zu Mosaiken. Bedeutend sind auch Ikonen der orthodoxen Heiligenmalerei.

Die **Erlöserkirche** ist eines der ältesten Steingebäude Sibiriens. Sie wurde 1704 ursprünglich aus Holz gebaut und sechs Jahre später aus Stein erneuert.

Das **Kloster zu Maria Erscheinen** wurde 1683 gegründet. Auf dem Friedhof befinden sich Gräber bedeutender Dekabristen sowie das Grab des Mitbegründers der russisch-amerikanischen Handelsgesellschaft, Gregori Schelechow.

Wer Zeit hat, sollte unbedingt den **Kolchosmarkt** besuchen. Das überquellende Angebot sibirischer Produkte ist dort besonders farbenfroh zu bewundern, zu kosten und natürlich auch zu kaufen. Es gibt frischen Kaviar zu günstigen Preisen. Burjatische Händler bieten Milchprodukte in großer Vielfalt und auf meterlangen Käsetheken an.

Dekabristen

(von russ.: dekabr = Dezember) nennt man die 121 Verschwörer und Teilnehmer des Offiziersaufstandes gegen Nikolaus I. am 26. Dezember 1825. Es handelte sich in der Mehrheit um Adlige, die unter anderem eine demokratische Verfassung und die Aufhebung der Leibeigenschaft erstrebten.
Der schlecht organisierte Aufstand wurde jedoch niedergeschlagen. Fünf Aufständige wurden hingerichtet und die anderen in die Verbannung nach Sibirien geschickt. Einige wenige Frauen folgten ihren Männern.
Nach Jahren der Zwangsarbeit wurde den Dekabristen ein nahezu normales Leben gestattet.

Edles Tafelsilber im Dekabristenmuseum

Die Angara
ist ein 1779 km langer Fluss in Ostsibirien. Sie ist der schnellfließende rechte Nebenfluss des Jenissej, der dem Baikalsee entspringt. Zur Energiegewinnung und dem Bau von Wasserkraftwerken und Stauseen wurde die Angara an mehreren Stellen gestaut.

Beim Bummel durch die **Altstadt von Irkutsk** kann man neben tristen Straßen und Häuserzügen viele kleine und alte Kirchen finden. Aber auch jede Menge typisch russische Holzhäuser mit schönen Verzierungen und teilweise mediterranen Pastellfarben gibt es zu entdecken.

Abends flaniert man an der lang ausgedehnten Uferpromenade der ➚**Angara,** wo es viele Cafés und Biergärten gibt. Sehr schön ist auch eine nächtliche Bootsfahrt. Folkloristische Abendessen in einem am Ufer gelegenen typischen Holzhaus bei Musik und Kaminfeuer sind beliebt und urig.

Praktische Informationen

Tourenanbieter

- ***Baikal Complex,*** *Tel. +7 (3952) 35 92 05 und 46 47 62, Fax 43 20 60 und 43 23 22, E-Mail: youry@baikal.irkutsk.ru, Internet: www.icc.ru/baikalcomplex*
- ***Aqua Eco,*** *Uliza Karla Libknechta 12, Tel. +7 (3952) 33 42 90.*
- ***Baikal House,*** *Uliza Karla Marxa 3113, Tel./Fax +7 (3952) 33 53 78.*
- ***Maria Travel,*** *Uliza Kiewskaja 2, Wohnung 211, Tel. +7 (3952) 34 14 86, E-Mail: maria@pop.irk.ru*

Übernachtung

- ***Hotel Agat,*** *Uliza Armi 5, Tel. +7 (3952) 29 73 25.*
- ***Hotel Kech,*** *Uliza Karla Marxa 34, Tel. +7 (3952) 33 59 72.*
- ***Hotel Arena,*** *Uliza Zeljabowa 8a, Tel. +7 (3952) 34 46 42.*
- ***Hotel Angara,*** *Uliza Suke Batora 7, Tel. +7 (3952) 29 36 16.*
- ***Bed & Breakfast-Haus Amerikanski Dom,*** *Uliza Ostrowski 19, Tel. +7 (3952) 43 26 89, Fax 33 13 22.*
- ***Iris,*** *Uliza Lermontowa 337, Tel. +7 (3952) 46 25 69, Fax 46 17 62.*
- ***Baikal Hotel,*** *Bulewar Gagarina 44, Tel. +7 (3952) 25 02 60, 25 01 71, Fax 25 03 14, E-Mail: info@baikal-hotel.ru, Internet: www.baikal-hotel.ru*
- ***Hotel Retro,*** *Uliza Karla Marxa 1, Tel. +7 (3952) 33 39 81.*

Der Baikalsee

Überblick

Legenden ranken sich um den See der Superlative in Ostsibirien. Er ist der wasserreichste und geheimnisvollste Binnensee der Welt. Der Baikal ist 636 km lang und im Mittel 48 km breit. Mit einer Tiefe von bis zu 1637 m ist er der tiefste See der Erde und mit 20 % des gesamten Süßwasserbestandes unseres Planeten auch das größte Süßwasserreservoir. Beeindruckend sind seine unglaubliche Schönheit, das klare Wasser und die überwiegend endemische Tierwelt (↗Baikalrobben, ↗Omul und ↗Golomjanka). In den Wäldern rund um den See leben noch heute Bären, Wölfe und Luchse.

Der See entstand vor ca. 20–25 Millionen Jahren und ist damit einer der ältesten Seen der Welt. Er wird von 336 Flüssen gespeist und alle Flüsse der Erde würden ein ganzes Jahr benötigen, um den See zu füllen. Der einzige Abfluss ist die Angara. Bekäme der See durch seine Zuflüsse kein Wasser mehr, könnte er die Angara noch 400 Jahre mit Wasser speisen.

Baikalrobben

Enge Verwandte der Eismeerrobben. Die im Russischen „Nerpa" genannten Tiere werden 1,50 m groß und bis zu 100 kg schwer. Eine ausgewachsene Nerpa benötigt drei bis fünf Kilo Fisch am Tag und kann ca. 20 Minuten unter Wasser bleiben ohne aufzutauchen. Die Baikalrobben können 40–50 Jahre alt werden. Bis heute ist nicht sicher, wie sie in den Baikal kamen. Wissenschaftler vermuten, dass sie während der Eiszeit durch die Angara und den Jenissej wanderten. Wie es ihnen gelang, sich von der Lebensweise im Salzwasser des Eismeeres auf das Leben im Süßwasser des Baikals umzustellen, gehört zu den ungelösten Rätseln.

Omul

Der Omul kann bis 50 cm lang und 5 kg schwer werden. Er schmeckt lachsartig und wird überall gern gegessen. Am besten schmeckt der Fisch über Feuer geröstet oder gesalzen zu Wodka.

Golomjanka

Die Golomjanka ist ein Ölfisch und lebt normalerweise am Boden des Baikals bis zu einer Tiefe von 1400 m. Nachts taucht er fast bis zur Oberfläche auf. Er ist nahezu durchsichtig, kann nur im kalten Wasser überleben und erreicht eine Länge von 30 cm. Da er zu ca. 35 % aus Fett besteht, wurde er früher zur Gewinnung von Lampenöl verwendet.

Die am Baikal lebenden mongolischen Ureinwohner, die **Burjaten,** nennen ihn auch „Heiliges Meer", „Perle Sibiriens", „Brunnen des Planeten" oder „Göttliches Wesen". Auch ihre Nationalhymne handelt von den Bergen, der Taiga und dem Baikal.

Im Herbst gibt es häufig heftige **Stürme,** die mit bis zu 180 km/h über den See jagen. Man nennt den Baikal deshalb auch den „Grausamen", der keine Fehler verzeiht und keine Betrunkenen liebt. Besonders gefährlich sind seine **Untiefen** und an der 2000 km langen Uferlinie stehen unzählige Gedenksteine für die Opfer solcher Katastrophen.

Im Winter friert der See im Norden für sieben bis acht Monate zu, im Süden nur für ca. drei Monate. Das **Eis** wird dabei über einen

Meter dick und kann sogar von Lastwagen befahren werden. Als die Transsibstrecke noch nicht durchgehend fertiggestellt war, wurden die Reisenden im Winter in Pferdeschlitten über den See gezogen.

Auch das gehört zum Baikal: inmitten der Taiga befinden sich verfallene **Straflager.** Es wird nie zu klären sein, wie viele Menschen dort umgekommen sind. Da diese Lager auf keiner Karte eingezeichnet sind, werden sie häufig nur zufällig gefunden. Zu Stalins Zeiten wurden auch unzählige Deutsche als Staatsfeinde in Lager gebracht. Einige von ihnen leben noch heute dort.

Große Versprechen hat man 1974 den Erbauern der **BAM** (Baikal-Amur-Magistrale, s. S. 14) gemacht, um sie nach Sibirien zu locken. Das fehlende Hauptstück der Bahnlinie zwischen den Strömen ↗Lena und ↗Amur, die Verbindung der Städte Ust-Kut und Komsomolsk, wurde zum größten und schwierigsten Eisenbahnbauvorhaben in der zweiten Hälfte des letzten Jahrhunderts. Als Helden wurden die Arbeiter damals gefeiert, heute hat man sie einfach vergessen. Sie leben ohne Arbeit und ohne Zukunft. Das Leben nach der Perestroika ist für die meisten **Bewohner** deutlich schlechter geworden. Viele Betriebe und Geschäfte mussten schließen und die Kolchosen, die allen ein festes Einkommen sicherten, gibt es nicht mehr. So nimmt die Armut ständig zu. Viele junge Menschen sind auf der Suche nach Arbeit weggezogen, geblieben sind die Alten und die Kinder.

Die Lena

Die Lena hat eine Länge von 4300 km, entspringt dem Baikalgebirge und mündet in das Nordpolarmeer. Da das Straßennetz wenig ausgebaut ist, hat die Lena als Verkehrsweg große Bedeutung. Der Fluss ist zwar nur fünf Monate schiffbar, aber sein Eis ist im Dezember schon so dick, dass tonnenschwere Fahrzeuge ihn passieren können. In Ust-Kut befindet sich der Kreuzungspunkt mit der BAM.

Der Amur

Der Amur ist ein ostasiatischer Strom mit einer Gesamtlänge von 2824 km. Er entspringt den Quellflüssen Argun und Schilka und mündet ins Ochotskische Meer. Auf einer Strecke von ca. 2000 km ist der Amur Grenzfluss zwischen Russland und China. Durch zahlreiche Sandbänke und Eis von November bis Mai wird die Schifffahrt stark eingeschränkt. Am Unterlauf des Amur wird Fischfang betrieben.

039ts Abb.: pt

▲ *Vielen Menschen in Sibirien geht es so schlecht, dass sie betteln müssen*

Ein großer Teil des Baikals ist Nationalpark. Damit will man der drohenden **Verschmutzung des Sees** Einhalt gebieten. Das im Ort Baikalsk befindliche Papier- und Zellulosewerk wird auch „Monster vom Baikal" genannt. Es ist maßgeblich für den abnehmenden Fischbestand verantwortlich. Seit über 10 Jahren bemüht man sich erfolglos um die Schließung des Kombinates. Damit würden 3000 Arbeitsplätze vernichtet werden und viele Existenzen wären gefährdet.

Im **Limnologischen Institut** in Listwjanka kann man alles über Flora und Fauna des Baikals und seiner Region erfahren. 400 Forscher befassen sich seit vielen Jahren in dem Forschungsinstitut für Limnologie (Seenkunde) mit dem Baikalsee. Ein Besuch des Museums ist lohnenswert.

Beliebt und im Sommer absolut empfehlenswert sind **Bootsfahrten** auf dem See. Eine abwechslungsreiche Landschaftskulisse mit schroffen Felsen, sanften Tälern, Kiesstränden, Wasserfällen, Zedern, knorrigen Kiefern und Sanddünen wie an der Ostsee, erwartet den Besucher. Manchmal ist das Wasser so klar, dass man bis zu 40 m in die Tiefe schauen kann. Jedoch beträgt die durchschnittliche Wassertemperatur nur 14 °C und lädt damit nicht jedermann zum Baden ein.

▲ *In den Wäldern rund um den Baikalsee leben noch Wölfe*

Sehr beliebt ist der See auch bei **Tauchern.** Ortsansässige Unternehmen verleihen Tauchgeräte, aber auch die Begleitung von erfahrenen Tauchern kann gebucht werden.

Insel Olchon

Mit dem Schnellboot oder Bus ab Irkutsk ist die Insel Olchon, die größte Insel des Sees, zu erreichen. Sie ist etwa 70 km lang und rund 10 km breit. Landschaftlich wird viel Abwechslung geboten, da Wald und Steppe sich ablösen. Die Temperaturen sind etwas höher als auf dem Festland und es gibt deutlich weniger Mücken.

Die Insel Olchon wird vorwiegend von Burjaten, einer asiatischen Volksgruppe mongolischer Herkunft, bewohnt. Sie betreiben Viehzucht und Ackerbau. Viele Burjaten sind Buddhisten lamaistischer Prägung. In den langen Jahren des Sozialismus ist es ihnen nicht vollständig gelungen, ihre ursprüngliche Kultur mit eigenen Sitten und Bräuchen zu bewahren.

Lohnenswert ist ein Besuch des berühmten **Schamanenfelsens** am Ufer von Khuzhir, der auf vielen Bildern vom Baikal zu sehen ist.

Eine Bootsfahrt über den Baikalsee sollte man sich nicht entgehen lassen

043ts Abb.: pt

Listwjanka

65 km von Irkutsk entfernt liegt das malerische Dörfchen Listwjanka. Es wurde erstmals 1773 als Post- und Fährplatz erwähnt. Es ist ein typisches Vorzeigeobjekt am Baikalsee und mit seiner **Schiffsanlegestelle** auch Startpunkt vieler Ausflüge über den See. Im Hafen von Listwjanka wurden im Jahre 1898 die beiden Fähren „Baikal" und „Angara" gebaut, deren größtenteils aus England stammenden Einzelteile einen extrem langen Weg hinter sich hatten. Da die Transsib damals noch nicht durchgängig fuhr, mussten die Züge per Eisenbahnfähre zum anderen Ufer des Baikal gebracht werden.

Der Name Listwjanka bezieht sich auf die vielen Lärchen in der Umgebung. Heute leben im lang gestreckten Dörfchen etwa 1500 Menschen. Im Ort befindet sich eine kleine **Kirche** aus den Anfängen des 20. Jahrhunderts sowie typisch russische Holzhäuser mit vielen geschnitzten Verzierungen.

041ts Abb.: pt

Im Architekturmuseum

Sehr zu empfehlen ist ein Besuch des 18 km entfernten **Architekturmuseums** am Ufer der Angara. Dort liegt ein beschauliches und sehenswertes Museumsdorf mit vielen sibirischen Holzhäusern, einer Schule, Bauernhöfen und einer alten Holzfestung.

Die hölzernen Architekturdenkmäler wurden in ganz Sibirien zusammengetragen und originalgetreu wieder aufgebaut. Beachtenswert sind der Erlöserturm und die Kazaner Kapelle. Beide wurden vor über 400 Jahren völlig ohne Nägel gebaut.

005ts Abb.: pt

Sehenswertes in der Mongolei

Ulan Bator (Ulaanbataar)

Hauptstadt der Mongolei

Ulan Bator ist die kälteste Hauptstadt der Welt. Die Jahresdurchschnittstemperatur liegt bei −4 °C. Im Winter erreichen die Temperaturen einen Mittelwert von −25 °C und im Sommer von +16 °C.

Die Mongolei ist viereinhalb mal so groß wie Deutschland. Sie hat 2,35 Millionen Einwohner und eine Bevölkerungsdichte von 1,5 Einwohner pro km^2. Sie gehört damit zu den am dünnsten besiedelten Ländern der Erde. Allein in der Hauptstadt leben ca. 700.000 Menschen, die fast ein Viertel der gesamten **Bevölkerung** des Landes ausmachen. Das Bild der Stadt ist von Gegensätzen geprägt. Noch immer lebt etwa die Hälfte der Bevölkerung, besonders im Norden und Westen der Stadt, in Jurten, in anderen Teilen der Stadt wohnen die Menschen in Plattenbauten.

Ulan Bator liegt 1500 Meter über dem Meeresspiegel. Dennoch wird die Stadt von den 2000 Meter hohen Bergen des **Khentii-Gebirges** eingekesselt. Von fast jedem Punkt aus hat man daher freien Blick auf die Berge.

Die Straßen sind genauso überfüllt, wie in anderen Hauptstädten der Welt auch. Ein wirkliches Großstadtgefühl kommt aber trotzdem nicht auf. Die Mongolen wissen, dass die **Infrastruktur** den Bedürfnissen einer Hauptstadt nicht mehr gewachsen ist. Eine flächenmäßige Ausweitung ist durch die umliegenden Berge nicht möglich. Es wird daher erwogen, in den nächsten 35 Jahren eine komplett neue Hauptstadt zu errichten und dann einfach umzuziehen. Kennt man die **Geschichte** der mongolischen Hauptstadt, so verwundert dieses Vorhaben nicht. 1639 als Palastansiedlung eines neuen Khans gegründet, wurde sie häufig verlegt. Allein zwischen 1717 und 1770 gab es 21 Ortswechsel.

Sehenswertes

Im heutigen Ulan Bator wird überall gebaut und renoviert. Das Zentrum der Stadt ist der Suchbaatar-Platz. 1990 leiteten Studenten von hier aus mit ihrem Hungerstreik die demokratische Wende ein. Um den Platz herum gibt es eine Fülle kleiner Geschäfte und Restaurants.

Am Ende des Platzes steht kühl und wenig einladend das Parlamentsgebäude. Die Steppenmetropole Ulan Bator ist zum einen weltoffen und freundlich, zum anderen doch auch beschaulich und provinziell. Im Sommer wimmelt es von flanierenden Menschen, die sich in verschiedenen Sprachen unterhalten. Es gibt Biergärten, Antik- und Souvenirgeschäfte, das größte Kaufhaus des Landes, Internet-Cafés und Hotels.

Fast alle Sehenswürdigkeiten sind zu Fuß zu erreichen. Wer lieber mit dem Taxi fahren möchte, kann durch Winken eines anhalten. Die Fahrt ist preiswert, die Adresse sollte man sich vorher genau aufschreiben lassen, da es nur wenige Straßennamen gibt.

Nur wer sich die Mühe macht, touristische Pfade im Zentrum der Stadt zu verlassen, um eine der **trostlosen Vorstadtsiedlungen** zu besuchen, der wird ein reales Bild der Stadt erhalten. Ein Viertel der Bevölkerung lebt unterhalb der Armutsgrenze, hinter hohen Zäunen in Jurtensiedlungen. Die Arbeitslosigkeit beträgt 25 % und immer mehr, vor allem junge Menschen, verlassen die Stadt. Zwar ist das Leben als Nomade hart und arbeitsreich, aber wer Vieh besitzt, wird immer zu essen, Arbeit und sein Auskommen haben.

Dschingis Khan

Legenden ranken sich um den „Herrscher der Welt", historische Fakten gibt es wenige. Das Geburtsjahr von Temudschin wird zwischen 1155 und 1167 geschätzt. Als Sohn eines kleinen Stammesfürsten soll seine Jugend von Armut geprägt gewesen sein. Ihr folgte eine steile politische Karriere.

Temudschin einte die weit verstreuten Nomadenstämme und bekam im Jahre 1206 den Titel Dschingis Khan verliehen. Bis heute ist nicht sicher, was dieser Titel genau bedeutet.

Er unterwarf sich bald darauf die Karluken, Uiguren und Tanguten. Zwischen 1211 und 1215 eroberten seine Reiterhorden den Norden Chinas, 1219 Korea, 1221 Charism. Die Russen wurden im Jahre 1223 besiegt, 1240 wurde Kiew zerstört. Dschingis Khan gründete 1220 die Hauptstadt Karakorum.

Das weit verbreitete Klischee eines blutrünstigen Massenmörders, der im Drang nach Weltherrschaft eine Spur der Verwüstung nach sich zog, teilen die Mongolen nicht.

Vielmehr sei es nur Ausdruck von Angst und Schrecken jener Zeit.

Dschingis Khan, der ein ebenso cleverer Politiker und Taktiker wie großer Feldherr war, hinterließ nach seinem Tod 1227 ein mächtiges Reich, das vom Chinesischen Meer bis zur Grenze Europas reichte.

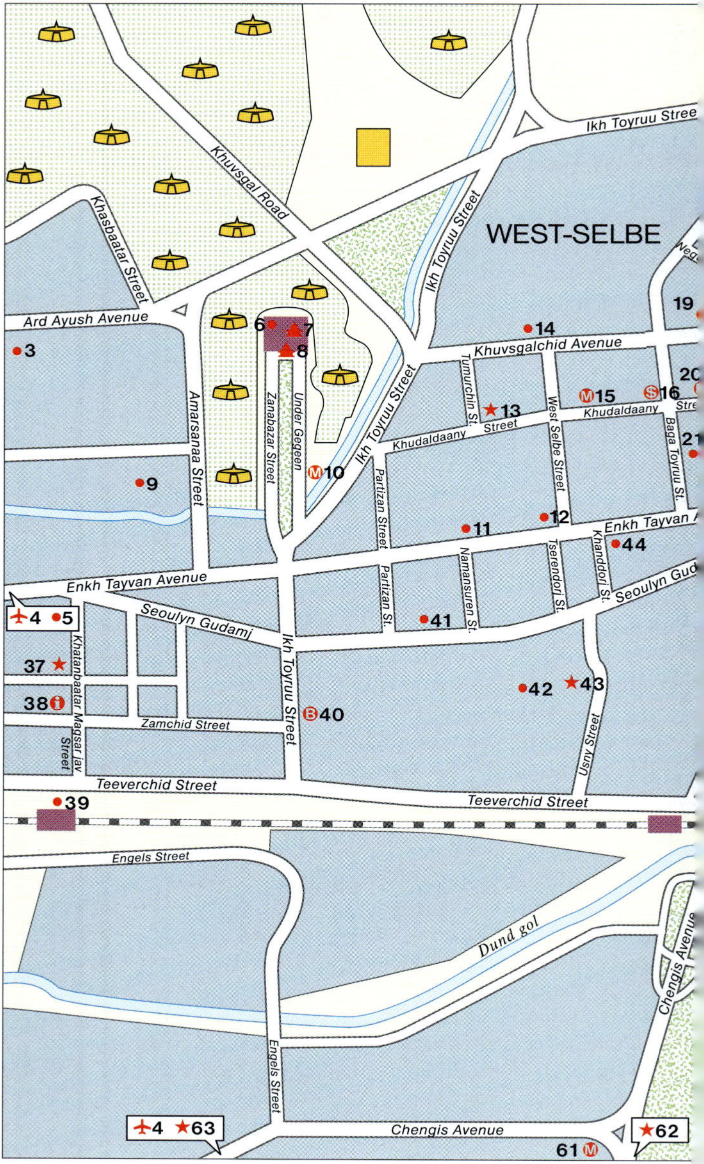
WEST-SELBE
Ikh Toyruu Street
Khuvsgal Road
Khasbaatar Street
Ard Ayush Avenue
Khuvsgalchid Avenue
Tumurchin St.
Khudaldaany Street
West Selbe Street
Baga Toyruu St.
Amarsanaa Street
Zanabazar Street
Under Gegeen
Partizan Street
Partizan St.
Enkh Tayvan Avenue
Namansuren St.
Tserendorj St.
Khanddorj St.
Seoulyn Gudamj
Khatanbaatar Magsar Jav Street
Zamchid Street
Usny Street
Teeverchid Street
Engels Street
Dund gol
Chengis Avenue
3
4
5
6
7
8
9
10
11
12
13
14
15
16
19
37
38
39
40
41
42
43
44
61
62
63

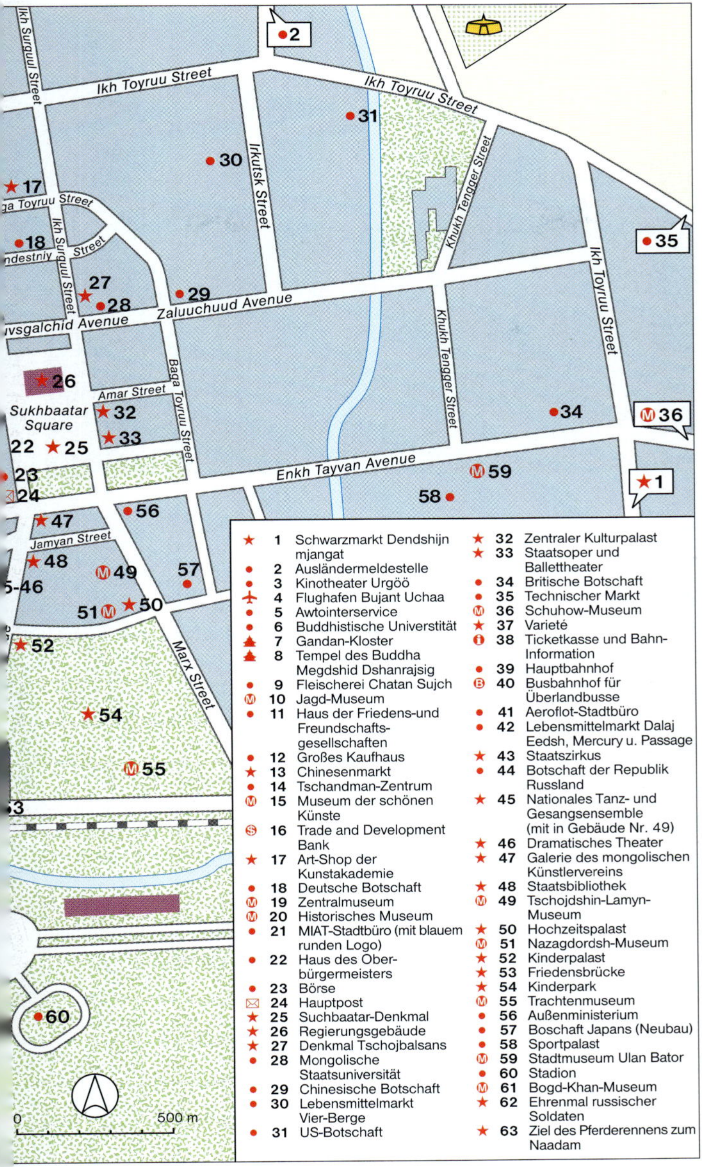

★ 1 Schwarzmarkt Dendshijn mjangat
● 2 Ausländermeldestelle
● 3 Kinotheater Urgöö
✈ 4 Flughafen Bujant Uchaa
● 5 Awtointerservice
● 6 Buddhistische Universtität
7 Gandan-Kloster
8 Tempel des Buddha Megdshid Dshanrajsig
● 9 Fleischerei Chatan Sujch
Ⓜ 10 Jagd-Museum
● 11 Haus der Friedens-und Freundschafts-gesellschaften
● 12 Großes Kaufhaus
★ 13 Chinesenmarkt
● 14 Tschandman-Zentrum
Ⓜ 15 Museum der schönen Künste
$ 16 Trade and Development Bank
★ 17 Art-Shop der Kunstakademie
● 18 Deutsche Botschaft
Ⓜ 19 Zentralmuseum
Ⓜ 20 Historisches Museum
● 21 MIAT-Stadtbüro (mit blauem runden Logo)
● 22 Haus des Ober-bürgermeisters
● 23 Börse
✉ 24 Hauptpost
★ 25 Suchbaatar-Denkmal
★ 26 Regierungsgebäude
★ 27 Denkmal Tschojbalsans
● 28 Mongolische Staatsuniversität
● 29 Chinesische Botschaft
● 30 Lebensmittelmarkt Vier-Berge
● 31 US-Botschaft
★ 32 Zentraler Kulturpalast
★ 33 Staatsoper und Balletttheater
● 34 Britische Botschaft
● 35 Technischer Markt
Ⓜ 36 Schuhow-Museum
★ 37 Varieté
ⓘ 38 Ticketkasse und Bahn-Information
● 39 Hauptbahnhof
Ⓑ 40 Busbahnhof für Überlandbusse
● 41 Aeroflot-Stadtbüro
● 42 Lebensmittelmarkt Dalaj Eedsh, Mercury u. Passage
★ 43 Staatszirkus
● 44 Botschaft der Republik Russland
★ 45 Nationales Tanz- und Gesangsensemble (mit in Gebäude Nr. 49)
★ 46 Dramatisches Theater
★ 47 Galerie des mongolischen Künstlervereins
★ 48 Staatsbibliothek
Ⓜ 49 Tschojdshin-Lamyn-Museum
★ 50 Hochzeitspalast
Ⓜ 51 Nazagdordsh-Museum
★ 52 Kinderpalast
★ 53 Friedensbrücke
★ 54 Kinderpark
Ⓜ 55 Trachtenmuseum
● 56 Außenministerium
● 57 Boschaft Japans (Neubau)
● 58 Sportpalast
Ⓜ 59 Stadtmuseum Ulan Bator
● 60 Stadion
Ⓜ 61 Bogd-Khan-Museum
★ 62 Ehrenmal russischer Soldaten
★ 63 Ziel des Pferderennens zum Naadam

805-ts

▲ *Gegensätze in Ulan Bator: trostlose Vorstadtsiedlungen ...*

Das im Aufbruch befindliche Ulan Bator ist nicht repräsentativ für die Mongolei. Eigentlich wirkt es fremd in einem Land unvorstellbarer Weiten, sich windender Flussläufe, grüner Hügel, gigantischer Felsformationen und ungeahnter Ruhe.

Ulan Bator ist ein Schmelztiegel alter und neuer Kultur sowie alter und neuer Lebensweise. Die in den 1960er Jahren aus dem Boden gestampfte Metropole ist kulturelles und religiöses Zentrum der Mongolei. Folgende Museen und Orte kulturellen Interesses können besucht werden.

Der **Bogd-Khan-Winterpalast** sollte unbedingt besichtigt werden. Dort ist es ruhig und beschaulich, nicht so pulsierend wie im Gandan-Kloster. Der Palast wurde nach dem letzten Khan der Mongolei benannt. Er war von 1911 bis 1924 politischer und religiöser Führer der Mongolei. Im Museum befindet sich u. a. seine Möbel- und Trophäensammlung und eine große Anzahl religiöser Gebrauchsgegenstände.

Das **Museum der schönen Künste** beherbergt eine reichhaltige Ausstellung moderner und klassischer mongolischer Kunst. Es gibt ↗Thangkas, Buddhas, Skulpturen, Masken, Instrumente und Seidendrucke zu sehen.

0451s Abb.: pt

▲ *… und die prächtigen Bauten am Suchbaatar-Platz*

Im **Theater der Volkskunst** werden traditionelle Musik, Tanz und Gesang aufgeführt.

Das **Naturkundemuseum** ist wegen seiner einzigartigen paläontologischen Abteilung mit Dinosaurierskeletten und -fossilien interessant. Die außergewöhnlichen Funde der Saurierabteilungen wurden zum größten Teil in der Süd-Gobi gefunden und sind häufig auch auf Ausstellungen im Ausland zu besichtigen. Zudem werden Flora und Fauna übersichtlich dargestellt, Mineralvorkommen erläutert und verschiedene Landschaften der Mongolei gezeigt.

Das **Museum für Kulturgeschichte** zeigt die historische Entwicklung des Nomadentums und Mittelalters. In einer völkerkundlichen und historischen Abteilung werden verschiedene Trachten gezeigt.

Das **Jagdmuseum** stellt alles zum Thema Jagd in der wildreichen Mongolei, wo es noch Bären, Wölfe, Gazellen, Rentiere, Elche und Rotwild gibt, aus.

Das **Tschojdshin-Lamyn-Museum** befindet sich in einer ausgesprochen schönen, fast verschlafenen Tempelanlage. Das um die Jahrhundertwende errichtete und gut erhaltene Klostergebäude beherbergt eine große Ausstellung von Masken für den ↗Zam-Tanz und Thangkas.

Zam-Tänze
sind kultische Mysterientänze. Sie kamen mit der zweiten buddhistischen Missionierungswelle aus Tibet in die Mongolei. Ihr eigentlicher Ursprung liegt wahrscheinlich in indischen Tempeltänzen. Anfänglich wurden Zam-Tänze nur anlässlich des Neumondfestes in Klöstern aufgeführt. Seit dem 19. Jahrhundert verbreiten sie sich über das ganze Land. Inzwischen entwickelten die Mongolen eine eigene Form des Tanzes. Yama, der Todesgott, steht häufig im Mittelpunkt. Tänzer mit gewaltigen, kunstvoll gearbeiteten Masken umkreisen kegelförmige Teiggebilde. Nach dem Erscheinen des Todesgottes wird eine kleine Teigfigur als symbolisches Menschenopfer mit Schwertern zerhackt. Die Masken der Zam-Tänze sind oft feurig lodernd, mit leuchtenden Augenbrauen und weit aufgerissenen Mündern und in aggressiven Farben gestaltet. Neben freundlichen, tröstenden oder schrecklichen buddhistischen Gottheiten werden auch Tiergestalten wie Raben, Hirsche und Stiere dargestellt.

Thangkas
Traditionelle Rollbilder. Auf Seide werden Darstellungen buddhistischer Gottheiten großformatig aufgetragen. Die verwendeten Farben haben eine feste Bedeutung: Rot steht für die Farbe des Blutes, Blau für das Wasser und Weiß für den Himmel. Rollbilder sind beeindruckende Beispiele lamaistischer Kunst. Sie verbinden beste Kenntnis der Wirksamkeit von Stoffen mit feiner nuancenreicher Farbgebung. Erst im 20. Jahrhundert fand das komplizierte Kunsthandwerk den Weg in Schulen und in spezielle Kurse außerhalb der Klöster, denn zuvor wurden Thangkas ausschließlich dort hergestellt. Wer einen Seiden-Thangka entwirft, muss die Ikonographie beherrschen. Daher werden die Entwürfe auch heute noch von lamaistischen Mönchen vorbereitet.

In der Nähe der großen Brücke über die Strecke der Transmongolischen Eisenbahn befindet sich das **Eisenbahn-Freilichtmuseum.** Es gibt sieben Loks aus dem letzten Jahrhundert zu sehen.

Wer sich für Bücher interessiert, kann einen Blick in die **Staatsbibliothek** werfen. Dort gibt es wertvolle Bücher in eigenwilligen Formaten und aus ausgefallenen Materialien. Eine Rarität sind metallgeschriebene Bücher.

▲ *Ein Highlight der Reise ist der Besuch des Gandan-Klosters*

Buddhistisches Zentrum der Mongolei ist das **Gandan-Kloster.** Es ist zudem das größte aktive Kloster des Landes. Es besteht aus einer großflächigen Anlage, verborgen hinter pastellfarbenen Mauern. Neben dem 1809 gegründeten Gandan-Kloster befindet sich die Lamaistische Hochschule. Dahinter steht die 25 m große, vergoldete Statue des tibetischen Schutzherren Megdshid Dshanrajsig. Seine 14. Reinkarnation ist der Dalai Lama.

Die farbenprächtige Klosteranlage ist meist voller Mönche, Einheimischer, Touristen und Tauben, ähnlich wie in Venedig auf dem San-Marco-Platz. Nach langen Jahren des Sozialismus ist die Religionsfreiheit seit Januar 1992 ausdrücklich garantiert. Daher gehören in der Mongolei nicht nur in den Klöstern buddhistische Mönche wieder zum Alltagsbild. Mit Hilfe und Anregung exiltibetischer Lamas haben sich die Klöster inzwischen konsolidiert.

Das Gandan-Kloster ist ein Highlight der Reise. Gegen Eintritt taucht man in eine andere Welt ein. Die Anlage ist täglich 9–11 Uhr und 13–18 Uhr, So 9–13 Uhr geöffnet. Da bleibt genug Zeit zum Verweilen und die Zeremonien zu erleben.

Klöster in der Mongolei

047ts Abb.: pt

Der Buddhismus verbreitete sich im 16. Jahrhundert in der Mongolei entlang der Karawanen- und Nomadenrouten. Das dünn besiedelte Land wurde allmählich von Klöstern überzogen. Nomaden siedelten sich in ihrer Umgebung an, chinesische und russische Kaufleute gründeten Handelsvertretungen und die Menschen suchten hinter den Mauern der Klöster Schutz vor Räubern und Kriegen. Die buddhistische Klosterkultur brachte verschiedene Handwerke, Musik, Malerei und die Kunst des Erzählens in die Steppe. Den Klöstern ist es zu verdanken, dass die Menschen ein gewisses Maß an Bildung erhielten.

Es war durchaus üblich, dass Nomadenfamilien einen ihrer Söhne zur Ausbildung ins Kloster schickten. Zu Beginn des 20. Jahrhunderts stellten die Klöster mächtige wirtschaftliche und soziale Faktoren dar. Damit hatten sie indirekt auch politischen Einfluss. Nach der Revolution 1921 waren die etwa 750 Klöster der kommunistischen Regierung ein Dorn im Auge, da sie reich waren und Rückhalt in der Bevölkerung hatten. Um den Reichtum zu verstaatlichen und den Einfluss auf das Volk zu unterbinden, wurden bis zum schrecklichen Höhepunkt in den Jahren 1937 und 1938 die Klöster gebrandschatzt und Tausende von Mönche als „Konterrevolutionäre" hingerichtet. Schriften, Skulpturen, Kunstwerke und religiöse Objekte wurden zerstört oder verschwanden. Ein Großteil der alten buddhistischen Kultur wurde dadurch ausgemerzt.

Airag, Wodka, Bier

Mit den Russen kam auch der Wodka in die Mongolei, was dazu führte, dass viele Menschen in Ulan Bator und auch auf dem Land ihre Sorgen im Alkohol ertränkten. Es gipfelte Anfang der 1990er Jahre in erschreckendem Alkoholismus. Die mongolische Regierung reagierte mit hoher Besteuerung der Wodkaproduktion und befreite die Bierbrauereien fast völlig von Steuern. Man hoffte, dass dem niedriger prozentigen Bier der Vorzug gegeben würde. Das funktionierte leider nicht und so ist Bier heute vielmehr ein Zweitgetränk.
Lange Zeit gab es in der mongolischen Sprache überhaupt kein Wort für den Gerstensaft. Inzwischen nennt man ihn „schar airag" (gelber airag). Airag ist das traditionelle Getränk der Nomaden und besteht aus vergorener Stutenmilch. Der Überlieferung nach war schon Dschingis Khan ein großer Airag-Freund. Somit war es fast selbstverständlich, die erste Brauerei in Ulan Bator „Khan Bräu" zu nennen. Die zweite trägt den bedeutsamen Namen „Chinggis-Beer". Beide Brauereien befinden sich unter deutscher Leitung.

Praktische Informationen

Tourenanbieter

- ***Tsolmon Travel Co. Ltd.,*** *Ulaanbaatar 11, Chingis Khan avenue Central State Library, Raum 315, Tel. +976 (1) 32 28 70 und 68 13 72, Fax 31 03 23, E-Mail: tsolmon@magicnet.mn*

Übernachtung

- ***Idre´s Guest House,*** *Khudaldaany gudamj 41, Haus 41, Tür 3, Tel. +976 (1) 32 91 37, E-Mail: idre9@hotmail.com*
- ***Tuushin Hotel,*** *Suchbaatar Platz, Tel. +976 (1) 32 85 94, Fax 32 59 03, Internet: www.ulaanbaatar.net/tuushinhotel*
- ***Ulaanbaatar Hotel****, Suchbaatar Platz, Tel. +976 (1) 32 53 68, Fax 32 44 85.*
- ***Bayangol Hotel,*** *Chingis Khan Avenue 28, Tel. +976 (1) 31 22 55, Fax 32 68 80, E-Mail: bayangol@magicnet.mn, Internet: www.magicnet.mn/bayangol*
- ***Continental Hotel,*** *Nairamdal Park, Tel. +976 (1) 32 38 29, Fax 32 96 30, Internet: www.ulaanbaatar.net/continentalhotel/mapt.html*
- ***Chinggis Khaan Hotel,*** *Khukh Tengger Avenue 8, Tel. +976 (1) 31 33 80, Fax 31 27 88.*

Gorchi Tereldsh – die Mongolische Schweiz

Etwa 70 km östlich Ulan Bators befindet sich der ca. 286.400 Hektar große Gorchi Tereldsh-Nationalpark (auch Mongolische Schweiz genannt und in der Literatur häufig unter dem Namen Terelj zu finden). Er ist das meist besuchte Schutzgebiet der Mongolei. Hier zeigt sich in beeindruckender Weise der natürliche Reichtum des Landes. Der Nationalpark ist besonders für Reisende, die wenig Zeit haben oder nur auf der Durchreise sind, ein beliebtes Ziel, denn er ist Dank seiner Nähe zu Ulan Bator gut und schnell zu erreichen.

Der Gorchi Tereldsh wird von den zerklüfteten Ausläufern des Chentij Gebirges geprägt. So winden sich Flüsse durch weiche Hügellandschaften und grüne Lärchenwälder. Unterbrochen wird das liebliche Bild durch bizarre, sich auftürmende Felsformationen, die in der Fantasie die unterschiedlichsten Gestalten annehmen. Am bekanntesten ist die „Schildkröte". Im Sommer zaubern die Wiesen eine unendliche Blütenpracht mit stark alpiner Flora, darunter Edelweiß und seltene Heilkräuter, hervor. Es duftet vielerorts nach Thymian.

Im Gegensatz zu anderen Nationalparks leben auf dem Gebiet des Gorchi Tereldsh Nomadenfamilien mit ihren Tieren. Mädchen sind mit Ziegenherden unterwegs. Jungen zeigen stolz ihre Reitkünste. Auch ohne Sattel scheinen sie mit ihrem Pferd verwachsen zu sein.

Für den Besucher sind daher nicht nur Flora und Fauna faszinierend, sondern vielmehr die ursprüngliche Kultur der Nomaden, die in dieser malerischen Landschaft leben. Wer das normale Leben der Nomadenfamilien selbst erfahren möchte, kann in dem Projekt „Öko-ger" den Alltag der Viehzüchter teilen. Dazu gehört mit ihnen zu arbeiten, zu leben und in der Jurte zu schlafen sowie bei der Versorgung der Tiere zu helfen, lokale Speisen zuzubereiten und die Herstellung von Filz und anderen Produkten zu unterstützen. Ebenso ist es möglich, sich in spartanisch eingerichteten, aber auf gemauertem Fundament errichteten Jurten für Touristen einzumieten. Im Camp gibt es einen sauberen Toilettentrakt und eine wunderschöne, als Gaststätte eingerichtete Jurte. Über verschiedene Anbieter können geführte Wanderungen, Ausritte mit Pferden oder Touren mit dem Yakwagen gebucht werden.

Man braucht Zeit, um die Mongolische Schweiz mit allen Sinnen zu erfassen. Diese einzigartige Schönheit der Natur macht sprachlos.

„Ein Kind bleibt so lange bei seiner Mutter, bis seine Füße den Steigbügel und seine Hände den Sattelknopf erreichen."

Mongolisches Sprichwort

Der Nationalpark beherbergt über 1000 Pflanzenarten und eine reiche Tierwelt mit Dachsen, Luchsen, Füchsen, Elchen, Hirschen, Sibirischem Rotwild, dem Zobel und dem Vielfrass. Unter den 200 verschiedenen Vogelarten leben Kraniche, die seltenen Schwarzstörche, Karmin- und Meisengimpel, Weiden- und die Graukopfammern, Stein- und Steppenadler und Spiegelrotschwänze. Die Regierung der Mongolei verfolgt seit Ende der 80er Jahre eine weltweit beachtete **Nationalparkpolitik.** Mit Unterstützung internationaler Organisationen wird ein modernes Nationalparkmanagement ausgearbeitet. Dazu gehören Strategien einer ökologisch und sozial verträglichen wirtschaftlichen Nutzung des Nationalparks. Vorsichtig integrierter Tourismus erzielt Einnahmen, ermöglicht Investitionen und eröffnet den in diesem Gebiet lebenden Menschen zusätzliche Beschäftigungsmöglichkeiten.

051ts Abb.: pt

Ger – das Haus der Nomaden

Das von uns unter dem türkischen Namen Jurte bekannte, aus Filz und Holz gefertigte Wohnzelt der Nomaden wird in der Mongolei als Ger bezeichnet. Von weitem hat das Ger Ähnlichkeit mit einem Iglu. Sie haben auch einiges gemeinsam. Beide isolieren gut gegen Kälte. Der dichte Filz des Ger schließt die Wärme ausgezeichnet im Inneren ein und schottet sie gegen die eisige Kälte des Winters ab. Die runde Form bietet dem Wind wenig Angriffsfläche und so hält es auch den heftigen Stürmen der Steppe stand. Das Ger ist das Herzstück der nomadischen Kultur und kann auf eine 2000-jährige Entwicklungsgeschichte zurückblicken. Die Konstruktion des Filzzeltes wurde ständig verbessert und inzwischen nahezu perfektioniert, da es sich den harten klimatischen Verhältnissen ebenso wie dem notwendigen Weiterziehen zu neuen Weideplätzen anpassen musste. Das Grundgerüst eines Ger besteht aus Scherengittern, die durch Lederriemen verbunden werden. Darauf werden Dachstangen gelegt und in der Mitte, am höchsten Punkt, wird ein wagenradähnlicher Dachkranz befestigt. Darüber werden je nach Jahreszeit und Außentemperatur ein bis vier Lagen Filz gespannt, später wird alles mit weißem Leinen überzogen. Die Tür zeigt immer nach Süden. Ein Ger ist schnell abgebaut und hat wenig Transportvolumen.

049ts Abb.: pt

050ts Abb.: pt

▲ *Die Jurte (das Ger) ist das Haus der Nomaden und über 2000 Jahre alt*

„Knigge" für den Besuch einer Jurte

- *Beim Hineingehen tritt man niemals auf die Schwelle. Es heißt, dass dadurch die Steppengeister verärgert werden.*
- *Niemals Abfall ins Jurtenfeuer werfen, denn Feuer ist heilig.*
- *Wer als Gast in der Jurte einer Nomadenfamilie schläft, legt niemals seine Füße in Richtung des Hausaltars. Der Hausaltar ist meist dort, wo sich ein Foto das Dalai Lama befindet.*
- *Wird ein Schälchen mit Schnaps herumgereicht, sollte die Schale der Höflichkeit halber zumindest zum Mund geführt werden (niemand schaut nach, ob wirklich getrunken wurde). Ablehnung wird als Zurückweisung empfunden.*
- *Schnupftabak wird selten wirklich „geschnupft". Macht das Fläschchen die Runde, schnuppert man anerkennend und reicht es weiter.*
- *Ein Geschenk wird immer mit beiden Händen übergeben. Es mit einer Hand zu tun bedeutet, dass man es wieder haben möchte.*

052ts Abb.: pt

Wüste Gobi

Die Wüste Gobi (Gobi, mongolisch = Wüste) ist nach der Sahara die zweitgrößte Wüste der Erde. Sie umfasst einen großen Teil der Mongolei und reicht vom Pamirgebirge im Westen bis zur Mandschurei im Osten, im Norden von Sibirien bis zur Chinesischen Mauer im Süden. Mit durchschnittlich über 1000 km Breite und einer Länge von ca. 2000 km ist sie knapp 10 mal so groß wie Deutschland. Die Wüste Gobi ist keine Sandwüste, wie oft angenommen. Es gibt zwar große Sandflächen, aber hauptsächlich ist die Gobi eine **trockene Beckenlandschaft,** die sich in Salztonebenen, Salzsümpfe und -seen gliedert. Aus dieser Öde ragen die Überreste ehemaliger Gebirge als bizarr zerklüftete Felsformationen heraus. Die Gobi ist fast vollständig von Gebirgen umgeben, die Luft ist sehr klar und man kann unendlich weit sehen. Es herrscht ein streng kontinentales Klima. Die Temperaturen erreichen im Winter bis –40 °C und im Sommer bis +40 °C.

In der Gobi gibt es nur wenig **Tiere und Vegetation,** da es an Wasser mangelt. Überleben können nur harte Pflanzen, die den pflanzenfressenden Tieren, wie Kamelen, als Nahrung dienen. Die **Bevölkerung** der Gobi besteht aus Nomaden, die in den Steppengebieten

Viehzucht betreiben. Durch die Privatisierung der Herden in den 90er Jahren steigt der Tierbestand stetig und es kommt zu Überweidung. Dadurch sind Teile dieses weltweit einmaligen Ökosystems bedroht.

Als es in der Wüste Gobi noch eine reiche Vegetation gab, lebten dort **Dinosaurier.** Nach Nordamerika ist die Südgobi mit ihren zahlreichen Skelettfunden das größte und bekannteste Sauriergebiet der Erde. Seit 1922 konnte eine stattliche Zahl von Skeletten gefunden und fast vollständig ausgegraben werden. Bisher sind weltweit 12 Gattungen der Dinosaurier bekannt. Allein acht davon wurden in der Mongolei entdeckt.

Durchquert man die Wüste mit der **Transmongolischen Eisenbahn,** so ist das eine aufregende Fahrt, denn das Gesicht der Wüste ändert sich häufig. Steppe und Sand wechseln sich ab und es gibt wunderschöne Farbnuancen. Die Dünen sind mitunter in sattes Rot getaucht. Gerät man in Winde, die den Sand in langen Dünen vor sich her treiben, müssen alle Fenster im Waggon geschlossen werden. Selbst in der Eisenbahn würde man sonst „versanden“. Muss der Zug wegen eines richtigen Sandsturmes länger stehen bleiben, kann es sehr heiß werden. Auf dieser Strecke haben die Züge keine Klimaanlage, sondern lediglich einen Deckenventilator, der nur die ohnehin warme Luft in Bewegung bringt.

„Vom Khan bis zum einfachen Menschen stehen alle früh auf und leben mit ihrem Vieh auf den Weiden!“

Mongolische Redensart

Wer das Abenteuer und die Abgeschiedenheit liebt, endlose Weiten und Einsamkeit sucht, der sollte seine Zugreise unbedingt für eine Trekkingtour durch die Südgobi unterbrechen. Reiseveranstalter bieten **Abenteuertouren** mit Jeep oder Kamelkarawane an. Geschlafen wird in Zelten. Die Gruppe wird von ortskundigen Nomaden und einem Koch begleitet, der unterwegs die Speisen frisch zubereitet. Eine solche Tour allein zu unternehmen empfiehlt sich nicht.

007ts Abb.: pt

Sehenswertes in China

Die Große Mauer

Zwischen halb zehn und zehn Uhr Ortszeit, mit dem Regelzug aus der Mongolei kommend, sieht man die Große Mauer erstmals vom Zug aus zwischen Fenezhen und Daton in Fahrtrichtung links. Das ist in der Regel ein beeindruckender Moment. Später gewöhnt sich der Reisende schnell an die immer wieder auftauchende Mauer.

Geschichte

Mauern spielten schon in der frühen chinesischen Geschichte als Verteidigung von Städten und ganzen Ländern eine wichtige Rolle. Sie galten als heilige Bauwerke. Gelang es einem Angreifer, seine Fahne auf der Mauer aufzustellen, galt die Stadt als besiegt. Schon 656 v. Ch. begann man mit dem Bau eines Schutzwalls. Unter dem ersten Ming Kaiser Zhu Yuan Zhang (1368–1396) musste sich das Reich vor den Angriffen der Mongolen schützen. Die Bauarbeiten zogen sich bis ins 16. Jahrhundert hin. Hunderttausende von Zwangsarbeitern und Soldaten errichteten das 6350 km lange Verteidigungsbauwerk, unzählige kamen dabei ums Leben. Es besteht aus zahlreichen Wach- und Aussichtstürmen sowie etlichen Festungen. Die Chinesische Mauer wurde aus Steinplatten und Ziegelsteinen errichtet. Bemerkenswert ist, dass die Ziegel bis auf sehr steile Passagen nicht im Lot, sondern dem Relief der Natur folgend verlegt wurden. Das macht das Begehen heute zu einer körperlichen Anstrengung, da es extrem steile Teilstücke mit enorm hohen Stufen gibt.

> **„Wer nicht die Große Mauer erklomm, ist kein guter Chinese."**
>
> *Chinesische Redensart*

Mit dem Beginn der Qing-Dynastie verlor die Große Mauer an Bedeutung und begann langsam zu verfallen. Erst Mitte des 20. Jahrhunderts begann man die Mauerabschnitte nach und nach zu restaurieren. Dank der Rückbesinnung auf das einmalige Erbe können sich Bauern aus der jeweiligen Umgebung Geld mit Arbeiten an Chinas bekanntestem Architekturdenkmal verdienen. Für die Wiederherstellung ließen Denkmalpfleger dieselben grauen Ziegel nachbrennen, wie sie schon zur Zeit der ↗Ming-Dynastie verwendet wurden. Der

Ming-Dynastie (1368–1644)
gegründet von Zhu Yuan Zhang nach der Vertreibung der Mongolen aus China. Ming heißt im Chinesischen „hell" und steht für den hellen Glanz. Besonders in der zweiten Hälfte des 14. Jahrhunderts erstarkte die Ming-Dynastie. Ihre erste Hauptstadt war Naking. Unter Kaiser Zhu Di wurde die Hauptstadt nach Beijing (Peking) verlegt. 1421 wurden die Verbotene Stadt und der Kaiserpalast fertiggestellt. Die große Mauer hatte während der Ming-Dynastie eine Länge von 9000 km. 1573 bestieg der letzte Kaiser der Ming-Dynastie, Wanli, den Drachenthron in der Verbotenen Stadt. Proteste gegen soziale Ungleichheit, auf der einen Seite reiche Kaufleute, Bankiers und Schiffsbesitzer und auf der anderen arme Kleinbauern, erzwangen 1620 das Abdanken von Kaiser Wanli. 1644 wurde offiziell die Qing-Dynastie ausgerufen.

Wiederaufbau kostet immenses Geld und wird im Wesentlichen von einer Stiftung finanziert. Auch in- und ausländische Firmen beteiligen sich mit Geräten, Material und Geld.

Besichtigung

Von Peking aus fährt man am besten mit dem Bus über die Autobahn nach Nordwesten zum ca. 65 km entfernten **Badaling-Pass.** Entgegen aller anders lautenden Versprechungen von Reiseleitern ist der Abschnitt meist hoffnungslos überfüllt und dem touristischen Ansturm aus Bussen, Taxis und Zügen ausgesetzt. Die Mauer ist am Badaling-Pass gut erhalten. Von einer Talsohle aus kann man in westlicher Richtung (sehr steil) und in östlicher Richtung (steil) zu den Wachtürmen gelangen. Manchmal braucht man Geduld, auf jeden Fall aber Kondition.

Nach Möglichkeit sollte man keine Platzangst und im Sommer bei Hitze und hoher Luftfeuchtigkeit mindestens eine Flasche Wasser im Gepäck haben. Am Startpunkt gibt es überall eisgekühlte Getränke zu kaufen, auf der Mauer nicht.

Wer mehr Zeit hat und Wert auf weniger Gedränge legt, sollte zum ca. 100 km nördlich von Peking befindlichen **Mutianyu** fahren. Dort lädt die Mauer zum Verweilen ein, bietet Ruhe- und Picknickplätze.

Wem Auf- und Abstieg zu gefährlich sind, der kann mit der Seilbahn zum höchsten Punkt des Mauerwerks fahren.

Ein Geheimtipp ist das ca. 125 km von Peking entfernte **Jinshan.** Da doch einige Kilometer zu fahren sind, trifft man wenige Touristen, aber immer genügend Chinesen. Allerdings ist die Sicht spektakulär!

Interessant ist das Besteigen der Mauer auch noch in **Simatai** (ca. 130 km von Beijing). Dort gibt es so genannte „Mauern in der Mauer", die als letzte Rückzugsmöglichkeit fungierten, wenn die anderen Bastionen verlassen werden mussten.

▼ *Das Begehen der Großen Mauer kann schweißtreibend werden*

053ts Abb.: pt

Peking (Beijing)

Hauptstadt Chinas

Peking ist das kulturelle und politische Zentrum Chinas. Mit rund 14 Millionen Einwohnern ist die nordwestlich des Golfes von Bo Hai gelegene Stadt nach Shanghai die zweitgrößte des Landes. Sie ist eine der führenden Industriestädte in China und Sitz der Ministerien und Kommissionen der Zentralregierung.

Am 2. Dezember 1929 wurden die Reste des berühmten **„Peking-Menschen"** ca. 50 km südwestlich der Stadt gefunden. Chinesische Anthropologen bewiesen mit dem Fund des menschlichen Schädels, dass vor 500.000 bis 700.000 Jahren bereits Menschen im Randgebiet Pekings lebten. Die Höhle, Fundort des „Peking-Menschen", ist seit 1987 UNESCO-Weltkulturerbe.

Abgesehen von Nanking ist Peking die jüngste der großen **Kaiserstädte.** 1025–249 v. Ch. war sie Sitz des Herzogs von Yan. Durch die notwendige Verteidigung vor den Barbaren wurde Peking bald zu einer Garnisonsstadt. Erstmals wurde Peking unter der Liao-Dynastie 947–1125 zur „Südlichen Hauptstadt" erwählt. In dieser Zeit dehnte sich die Stadt beachtlich aus. 1215 fiel Dschingis Khan mit seinen Reiterhorden in die Stadt ein, brandschatzte und mordete. 1368 konnte sich das Reich der Mitte schließlich von der Fremdherrschaft befreien. Unter der Ming-Dynastie folgten gewaltige Baumaßnahmen und die Stadt wurde völlig umgestaltet.

Heute ist uns Peking vor allem durch die Verbotene Stadt, den Platz des Himmlischen Friedens und die Peking-Ente bekannt. Die **Hauptstadt** der Volksrepublik ist mit 95 Millionen Touristen jährlich die am meisten besuchte Stadt des Landes. Rückblickend auf die 3000-jährige Geschichte und auf eine 800-jährige Tradition als Hauptstadt in verschiedenen geschichtlichen Perioden, ist sie auch heute politisches und kulturelles Zentrum des bevölkerungsreichsten Staates der Welt.

Die Infrastruktur Pekings ist gut ausgebaut. Der **Beijing Capital Airport** wurde erst 1999 eröffnet und ist das nationale Flughafenzentrum Chinas. Der **Westbahnhof,** Ankunftsbahnhof der Transsib-Reisenden, ist der größte in China und der modernste in ganz Asien. In Hinblick auf Olympia 2008 wird in die ohnehin moderne Infrastruktur

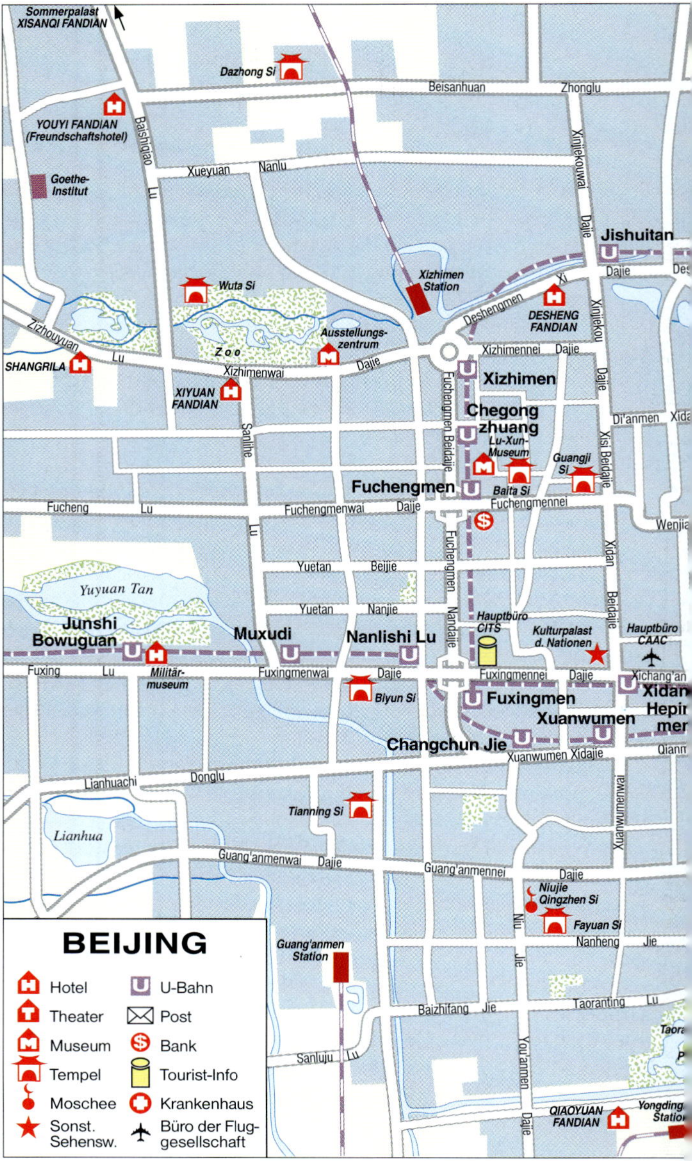
BEIJING
Sommerpalast
XISANQI FANDIAN
Dazhong Si
Beisanhuan
Zhonglu
YOUYI FANDIAN
(Freundschaftshotel)
Baishiqiao
Lu
Goethe-
Institut
Xueyuan
Nanlu
Xinjiekouwai
Dajie
Jishuitan
Dajie
Xizhimen
Station
Xi
Deshengmen
DESHENG
FANDIAN
Xinjiekou
Wuta Si
Zoo
Ausstellungs-
zentrum
Zizhouyuan
Lu
SHANGRILA
Xizhimenwai
Dajie
Xizhimennei
Dajie
XIYUAN
FANDIAN
Xizhimen
Sanlihe
Fuchengmen Beidajie
Chegong
zhuang
Lu-Xun-
Museum
Guangji
Si
Di'anmen
Xisi Beidajie
Fuchengmen
Baita Si
Fucheng
Lu
Fuchengmenwai
Dajie
Fuchengmennei
Wenjia
Lu
Fuchengmen
Yuetan
Beijie
Yuyuan Tan
Yuetan
Nanjie
Nandajie
Xidan
Beidajie
Junshi
Bowuguan
Muxudi
Nanlishi Lu
Hauptbüro
CITS
Kulturpalast
d. Nationen
Hauptbüro
CAAC
Fuxing
Lu
Militär-
museum
Fuxingmenwai
Dajie
Fuxingmennei
Dajie
Xichang'an
Biyun Si
Fuxingmen
Xuanwumen
Changchun Jie
Xuanwumen Xidajie
Lianhuachi
Donglu
Tianning Si
Xuanwumenwai
Lianhua
Guang'anmenwai
Dajie
Guang'anmennei
Dajie
Niujie
Qingzhen Si
Fayuan Si
Niu
Jie
Nanheng
Jie
Guang'anmen
Station
Baizhifang
Jie
Taoranting
Lu
Sanlilu
Lu
You'anmen
Dajie
QIAOYUAN
FANDIAN
Yongding
Station
Hotel
Theater
Museum
Tempel
Moschee
Sonst.
Sehensw.
U-Bahn
Post
Bank
Tourist-Info
Krankenhaus
Büro der Flug-
gesellschaft

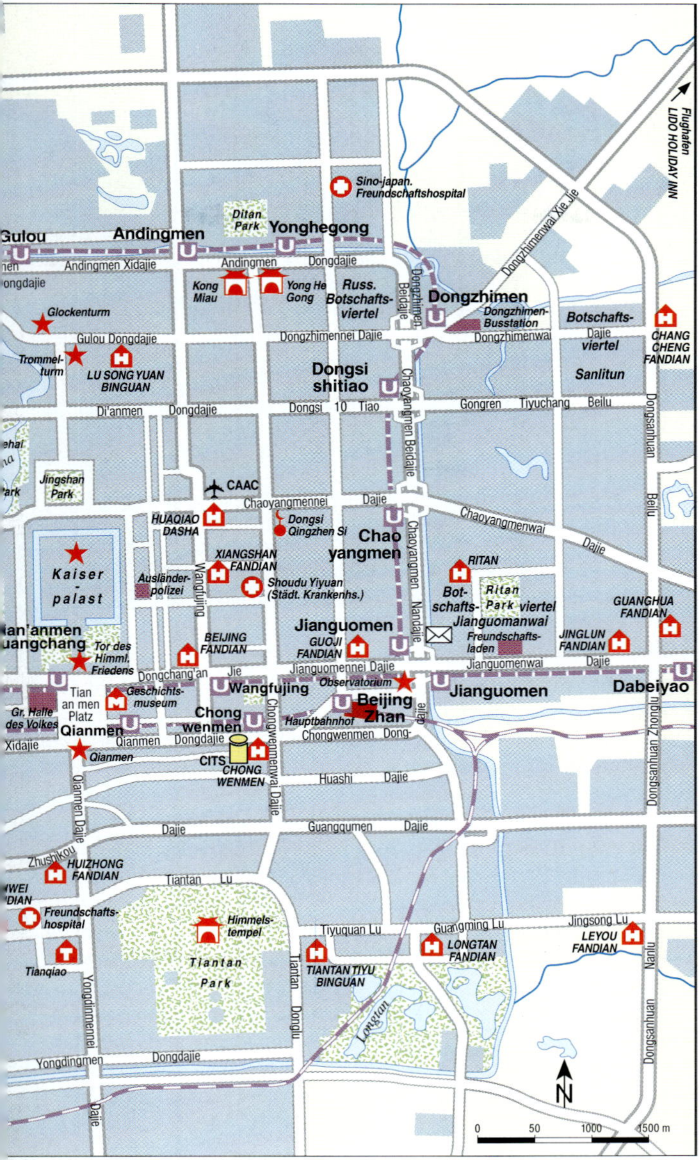

Flughafen
LIDO HOLIDAY INN
Sino-japan. Freundschaftshospital
Ditan Park
Gulou
Andingmen
Yonghegong
Andingmen Xidajie
Andingmen
Dongdajie
Kong Miau
Yong He Gong
Russ. Botschafts-viertel
Dongzhimen
Dongzhimen Beidajie
Dongzhimen-Busstation
Dongzhimenwai Xie Jie
Botschafts-viertel
CHANG CHENG FANDIAN
Glockenturm
Gulou Dongdajie
Dongzhimennei Dajie
Dongzhimenwai
Dajie
Trommel-turm
LU SONG YUAN BINGUAN
Dongsi shitiao
Sanlitun
Di'anmen
Dongdajie
Dongsi 10 Tiao
Gongren Tiyuchang Beilu
Chaoyangmen Beidajie
Dongsanhuan
Beilu
Jingshan Park
CAAC
Chaoyangmennei
Dajie
Chaoyangmenwai
Dajie
HUAQIAO DASHA
Dongsi Qingzhen Si
Chao yangmen
Chaoyangmen
XIANGSHAN FANDIAN
RITAN
Kaiser-palast
Ausländer-polizei
Wangfujing
Shoudu Yiyuan (Städt. Krankenhs.)
Bot-schafts-viertel
Ritan Park
Jianguomanwai
GUANGHUA FANDIAN
Tian'anmen Guangchang
Tor des Himml. Friedens
BEIJING FANDIAN
Jianguomen
GUOJI FANDIAN
Nandajie
Freundschafts-laden
JINGLUN FANDIAN
Dongchang'an Jie
Jianguomennei Dajie
Jianguomenwai Dajie
Geschichts-museum
Wangfujing
Observatorium
Jianguomen
Dabeiyao
Tian an men Platz
Gr. Halle des Volkes
Beijing Zhan
Hauptbahnhof
Chong wenmen
Qianmen
Xidajie
Qianmen Dongdajie
Chongwenmen Dong-
Chongwenmenwai Dajie
Qianmen
CITS
CHONG WENMEN
Huashi Dajie
Dongsanhuan Zhonglu
Qianmen Dajie
Dajie
Guangqumen Dajie
Zhushikou
HUIZHONG FANDIAN
Tiantan Lu
Freundschafts-hospital
Himmels-tempel
Tiyuquan Lu
Guangming Lu
Jingsong Lu
LEYOU FANDIAN
LONGTAN FANDIAN
Tianqiao
Tiantan Park
TIANTAN TIYU BINGUAN
Tiantan Donglu
Longtan
Nanlu
Dongsanhuan
Yongdinmennei Dajie
Yongdingmen Dongdajie
N
0
50
1000
1500 m

806-ts Abb.: sp

054ts Abb.: pt

Auch im kommunistischen China sind die Zeichen der Marktwirtschaft nicht zu übersehen

noch einmal massiv investiert werden. Direktinvestitionen in High-Tech-Unternehmen und den Dienstleistungssektor sollen gezielt gefördert werden.

Schwerpunkt sind allerdings Projekte zur Reduzierung der **Luftverschmutzung,** zur intensiveren Nutzung regenerativer Energien und zur Senkung des Energieverbrauchs. Wer einmal dem schwül-heißen Klima des Sommers in dieser Stadt ausgesetzt war, kann schnell verstehen, dass die Regierung bis 2007 12 Milliarden Dollar in den Umweltschutz, die Umstellung von Kohle auf Gas und die Schaffung zahlreicher grüner Gürtel investieren will. Wirtschaftshauptstadt ist zwar nach wie vor Shanghai, aber Peking bemüht sich mit einer jährlichen Wachstumsrate von über 10 % eine wirtschaftliche Spitzenposition einzunehmen.

Mit dem steigenden **Lebensstandard** wächst das verfügbare Einkommen der Bürger und somit ihr Interesse an Reisen und Freizeitaktivitäten. Ein Disney-Land Peking befindet sich in Bau. Inzwischen soll es auch über vier Millionen Internetnutzer in der Hauptstadt geben.

Peking erleben

Für den Transsib-Reisenden ist es eine wichtige Erfahrung, allmählich die Veränderung vom Agrarland China mit seinen ländlich armen Provinzen bis hin zur Groß- und Hauptstadt Peking mit modernstem Erscheinungsbild zu erleben. Es ist nicht zu übersehen, dass China nicht an seiner Hauptstadt gemessen werden darf. Wer als Tourist mit dem Flugzeug ankommt, nimmt nur das Flair einer Weltstadt wahr und bekommt keine Vorstellung davon, wie weit der Rest des Riesenreiches von dieser Realität entfernt ist. Peking, mit seiner Hektik, Geschäftigkeit, dem tosenden Verkehr, den Konflikten zwischen Handygeneration und alten Revolutionskämpfern, ist das Ziel Hunderttausender auf der Suche nach Arbeit und Wohlstand. Trotz drastischer Zuzugsbeschränkungen wachsen die Slums der Stadt ständig und prägen das Bild zwischen gigantischen Hochhäusern und Stadtautobahnen.

„Lieber eine Kerze anzünden, als über die Finsternis klagen."

Chinesische Weisheit

Peking ist reich an Sehenswürdigkeiten und nutzt dieses Potential mit einem **perfekt organisierten Tourismus-Apparat.** Reisende werden in drei bis vier Tagen im Eiltempo durch die Stadt geschleust, in klimatisierten Hotels bester Kategorien untergebracht und zu organisierten Einkaufstouren gefahren. Wer es zeitlich einrichten kann, sollte sich diesen Stress nicht antun und länger bleiben. In Ruhe und Muße können ausgewählte Sehenswürdigkeiten angeschaut werden, statt hastig durch die Stadt zu eilen und im Viertelstundentakt dem Reiseleiter weiter zu folgen. Sinnvoll ist es, sich nach eigenen Schwerpunkten ein Besichtigungsprogramm zusammenzustellen.

Alle Sehenswürdigkeiten sind schnell, günstig und problemlos zu erreichen. Bis zur Olympiade 2008 sollen alle **Taxifahrer** über Grundkenntnisse der englischen Sprache verfügen. Bis dahin ist es sinnvoll, sich im Hotel das Fahr- oder Ausflugsziel genau aufschreiben zu lassen. Trotz hohen Verkehrsaufkommens ist das **Fahrrad** das wichtigste Fortbewegungsmittel geblieben.

Das Stadtbild Pekings sollte ursprünglich ein Abbild des Kosmos darstellen. Der Kern besteht aus der Kaiserstadt, gefolgt von der Inneren und der Äußeren Stadt.

Platz des Himmlischen Friedens

Der Tian'anmen-Platz ist mit einer Breite von 500 m und einer Länge von 880 m der größte Platz der Welt.

Kein anderer Ort Chinas kann auf eine vergleichbare **Geschichte** zurückblicken. Hier dankte Pu Yi 1911 ab und damit endete das chinesische Kaisertum. 1919 protestierten 3000 Studenten gegen die Versailler Verträge. Die Bewegung führte später zur Gründung der Kommunistischen Partei Chinas. 1966 inszenierte Mao von hier aus die blutige Kulturrevolution. Grauenvoll in Erinnerung bleibt der Platz durch die noch blutigere Niederschlagung der größten Proteste in der Geschichte Chinas. Am 4. Juni 1989 erklärte die Regierung friedlichen Demonstranten den Krieg, indem sie Panzer und Soldaten schickte, um die „Konterrevolution" niederzuschlagen.

Mao Tse-tung (1893–1976)
war Lehrer, Bibliothekar und Mitbegründer der Kommunistischen Partei Chinas 1921. Bereits 1923 wurde er Mitglied des Zentralkomitees der KPCh und organisierte die „Rote Armee". Ab 1935 war er Parteivorsitzender und übernahm 1937 die führende Rolle im Kampf gegen die japanischen Invasoren. 1949 wurde die Volksrepublik China gegründet, deren Staatspräsident Mao Tse-tung 1954–1959 war. Auf dem Höhepunkt seines Personenkultes initiierte er 1966–1968 die „Kulturrevolution".

Trotzdem oder vielleicht auch gerade deshalb, ist der Platz des Himmlischen Friedens **das Herz der Stadt,** von dem aus viele Sehenswürdigkeiten gut zu erreichen sind. In der Mitte befindet sich das Denkmal für die Helden des Volkes. Lange Warteschlangen stehen täglich vor dem **Mao-Mausoleum.** Wer eine Besichtigung des wächsernen Leichnams ↗Mao Tse-tungs erwägt, benötigt viel Zeit und bekommt wenig zu sehen, denn nach einem flüchtigen Blick auf Mao wird man von Ordnern weiter gewunken.

Das **Tor des Himmlischen Friedens,** errichtet 1417, begrenzt den Platz im Norden und trägt ein riesiges Mao-Bildnis. Dort ist der Eingang zur Verbotenen Stadt.

Weitere interessante Gebäude grenzen an den Platz oder befinden sich in unmittelbarer Nähe:

- Die **große Halle des Volkes,** hier tagt der Volkskongress. Sie fasst 10.000 Menschen und ist 310 m lang, dazu gehört eine Banketthalle mit 5000 Plätzen und 30 verschiedenen Sälen.
- **Museum für Chinesische Geschichte**
- **Museum der Chinesischen Revolution**
- Das mächtige **Vordertor** (früher: Tor der Mittagssonne) gestattet den Zutritt von der Tataren- zur Chinesenstadt.
- Der **alte Bahnhof** ist heute ein Einkaufszentrum. Er wurde 1902 eingeweiht und von hier fuhr die Eisenbahn nach Nordchina.
- Das **ehemalige Gesandtschaftsviertel,** eine Mischung aus teilweise noch erhaltener europäischer und chinesischer Architektur, ist zu Fuß am besten zu erkunden.

Der Platz des Himmlischen Friedens ist mit U-Bahn und Taxi schnell und preiswert zu erreichen. Wer einen Rundgang beabsichtigt, sollte mindestens einen halben Tag dafür einplanen.

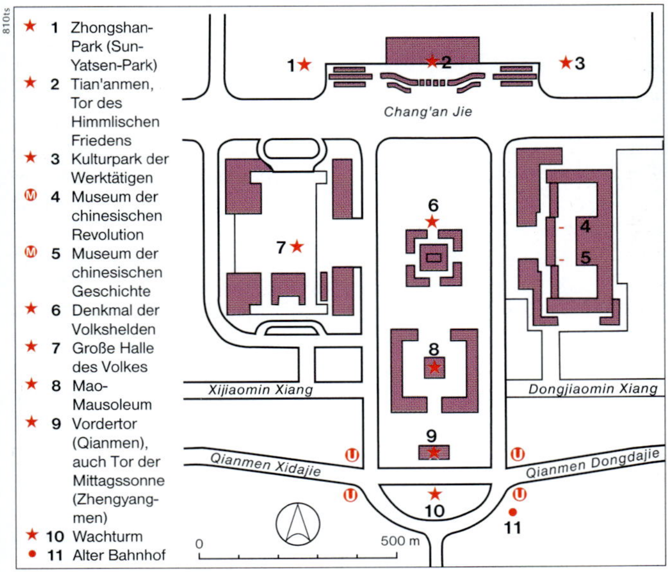

Verbotene Stadt, Kaiserpalast

Nördlich des Tian'anmen-Platzes (Platz des Himmlischen Friedens) befindet sich der größte Palastkomplex der Welt und die vielleicht wichtigste Sehenswürdigkeit Chinas, die Verbotene Stadt. Sie besteht aus 9000 Räumen, 723.633 m² Mauerwerk und 12 Millionen Ziegelsteinen. Nahezu 500 Jahre lang war die Verbotene Stadt **Wohnstätte der 24 letzten Kaiser** der chinesischen Dynastien. Der Palast beherbergte auch die Kaiserin, Tausende von Eunuchen, Konkubinen und Hofdamen. Einziger geschlechtsreifer Mann war der Kaiser.

Feng Shui,
auch Geomantik genannt, ist die Lehre von Wind und Wasser. Mit dieser Kunst versuchen die Chinesen die Welt zu ordnen und die Ordnung im Kosmos zu verwirklichen. Ziel des Feng Shui sind Harmonie und Konfliktvermeidung mit dem Makrokosmos. Das chinesische Denken wird beherrscht von Ordnung, Ganzheit und Wirkkraft. Im System des Kosmos gibt es keine Zufälle. Wenn Feng-Shui-Regeln verletzt werden, sind Glück und Unglück vorprogrammiert. Fügt sich z. B. ein Gebäude nicht harmonisch in die Natur ein, droht Unheil.

Unter dem dritten Ming-Kaiser errichtet, konnte der Palast nach einer Bauzeit von 17 Jahren 1420 bezogen werden. In den nächsten Jahrhunderten wurden neue Gebäude errichtet, aber der typisch nord-chinesische **Ming-Stil** blieb erhalten. Der Kaiserpalast wurde nach den uralten Prinzipien des ➚Feng Shui angelegt.

Der rechteckige Komplex wird von einer über 10 m hohen **Mauer** und einem 50 m breiten Graben umgeben. Nur vier Tore gewähren Zutritt. Die Dächer sind mit gelben Ziegeln gedeckt. Gelb ist die Farbe des Kaisers und das Symbol der Erde. Die rote Farbe der Mauern steht für den Polarstern, der dem Kaiser gleich im Zentrum des Universums steht. Der Palast beherbergt die größten **Kunstschätze** Chinas, darunter Porzellan und Kuriositäten, wie kaiserliches Spielzeug, Antiquitäten und Jade.

In der Verbotenen Stadt gibt es viele **sakrale Stätten,** wie buddhistisch geprägte Hallen, Pavillons und Gartenanlagen. Da der „Himmelssohn" niemals nach draußen und keiner je zu ihm hinein gelangen sollte, ist die Struktur eines Labyrinths angelegt.

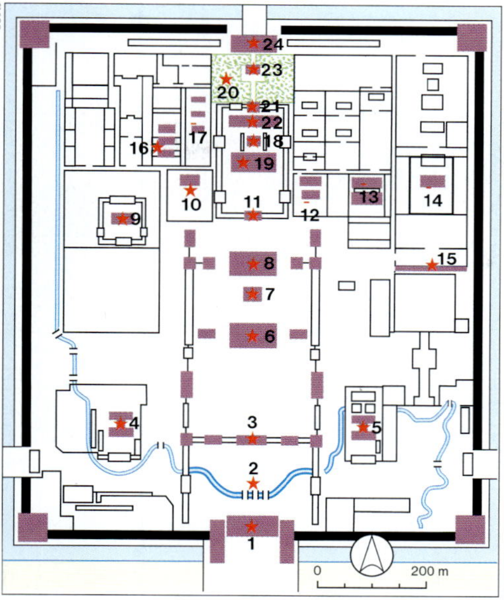

- ★ 1 Mittagstor
- ★ 2 Goldwasserbrücken
- ★ 3 Tor d. Höchsten Harmonie
- ★ 4 Halle der Militärischen Tapferkeit
- ★ 5 Halle der Literarischen Blüte
- ★ 6 Halle der Höchsten Harmonie
- ★ 7 Halle der Vollkommenen Harmonie
- ★ 8 Halle zur Erhaltung der Harmonie
- ★ 9 Palast der Barmherzigen Ruhe
- ★ 10 Palast der Herzensbildung
- ★ 11 Tor der Himmlischen Reinheit
- 12 Palast des Fastens
- 13 Palast der Ahnenverehrung
- 14 Palast der Ruhe u. Langlebigkeit
- ★ 15 Neun-Drachenwand
- ★ 16 Palast des Immerwährenden Frühlings
- 17 Palast der Konzentrierten Eleganz
- ★ 18 Halle der Berührung von Himmel u. Erde
- ★ 19 Palast der Himmlischen Reinheit
- ★ 20 Kaiserlicher Garten
- ★ 21 Tor der Irdischen Ruhe
- ★ 22 Palast der Irdischen Ruhe
- ★ 23 Halle d. Kaiserlichen Friedens
- ★ 24 Shenwumen (Tor der Göttlichen Tapferkeit)

Bis 1911 war der Palast Sitz der Ming- und Qing-Kaiser. Der Kind-Kaiser Pu Yi musste 1912 abdanken. Bis 1924 durften alle Palastbewohner bleiben, wurden dann aber doch vertrieben und die gesamte Verbotene Stadt 1925 zum Museum erklärt. Die Anlage gliedert sich in den mittleren Palastteil, der im Zentrum drei Thron- und Audienzhallen hat. Dahinter befinden sich die früheren Privatgemächer und im südlichen Teil der Seitenflügel mit Küche, Bibliothek usw.

Für eine eingehende **Besichtigung** der Verbotenen Stadt würde man fast zwei Tage benötigen. Auf keinen Fall sollte man sich im Eiltempo eines Reiseleiters „durchjagen" lassen, der das im Schnelldurchlauf von drei Stunden schafft. Eine Besichtigung kann man gut allein unternehmen. Beim Kauf

Höfe in der Verbotenen Stadt

der Eintrittskarte können Tonbänder für eine individuelle Führung in der jeweiligen Muttersprache ausgeliehen werden. Aufgestellte Hinweisschilder zeigen den Weg dieser Führungen. Wer den Film „Der letzte Kaiser" gesehen hat, wird seine eigenen Vorstellungen bereits haben und Bekanntes, wie z. B. die „Halle der höchsten Harmonie", suchen wollen. Die Verbotene Stadt ist täglich von 8.30–17.30 Uhr geöffnet.

Himmelstempel

Im Süden Pekings befindet sich der bedeutendste kaiserliche Altar. Er ist einer der schönsten Bauwerke der Stadt und bedeckt eine Fläche von 273 Hektar.

Der Himmelstempel wurde in der Ming-Zeit gebaut und 1420 fertiggestellt. Er ist der **größte Tempelkomplex Chinas** und doppelt so groß wie die Verbotene Stadt. Hier beteten die Ming- und Qing-Kaiser um eine reiche Ernte. Der Kaiser musste den Makrokosmos (Him-

Im Himmelstempel

mel) beschwören, keine Unwetter, Dürren und Überschwemmungen über Land und Menschen zu bringen. Jedes Jahr begab sich der Kaiser mit einem großen Gefolge zum Himmelsaltar zur **Opferzeremonie.** Der „Himmelssohn" kam stets zum Laternenfest am 15. Tag des ersten Monats und erwies mit seinem Opfer (Tiere, Wein, Weihrauch, Jade und Seide) stellvertretend für die Menschheit seine Ehrerbietung.

> **„Übe die Regungslosigkeit, beschäftige dich mit Untätigkeit, finde im Verzicht Genuss und du siehst das Große im Kleinen, das Viele im Wenigen."**
>
> *Laotse*

Der Himmelstempel teilt sich in einen Innen- und einen Außenteil. Im Süden des inneren Tempels steht der Himmelsaltar und im Norden der Altar der Ernteopfer. Beide sind durch die 360 m lange Brücke der „Roten Palaststufen" verbunden.

Die **Halle des Ernteopfers** besticht durch ihre perfekten Proportionen. Sie steht auf drei Terrassen und ist bei einem Durchmesser von 30 m genau 38 m hoch. Die drei Dächer sind mit 50.000 blauen, Glasur überzogenen Ziegeln gedeckt. Eine goldene Perle krönt jedes Dach. Nördlich des Himmelstempels liegt die **Halle des Himmelsgewölbes.** Diese und die zehn Seitenhallen werden von einer kreisförmigen Mauer, deren Innenseite als **„Echomauer"** bezeichnet wird, umgeben. Die Echomauer, an welcher der Schall entlang läuft, so dass ein gesprochenes Wort auf der gegenüberliegenden Seite des Raumes zu hören ist, wird als „Wunder vom Himmelstempel" bezeichnet.

Interessant sind auch die drei **Echosteine.** Steht man auf dem südlichen Stein und klatscht in die Hände, hört man ein einfaches Echo, auf dem mittleren ein zweifaches und auf dem nördlichen ein dreifaches. Leider sind meist so viele Menschen in der Halle, die das Phänomen erleben wollen, dass kaum noch etwas wahrzunehmen ist.

Wer diese einzigartige Halle besucht, sollte, entgegen der Touristenströme, den **Weg der Kaiser** gehen. Sie kamen immer von Süden mit dem Licht. Der Weg entspricht dem architektonischen Aufbau der Anlage und mit der Sonne im Rücken lässt es sich optimal sehen und fotografieren. Leider stören inzwischen unzählige Hochhäuser den Blick und ein künstlicher Hügel bringt die Harmonie aus der Balance.

Sommerpalast

Die größte erhaltene klassische Parkanlage Chinas befindet sich 20 km nordwestlich vom Zentrum Pekings. Auf der kurzen Fahrt geht es an der Universität von Peking vorbei. Für den **Besuch** des Sommerpalastes benötigt man Zeit, Muße und gutes Wetter.

Der 290 Hektar große Park war die **Sommerresidenz der Qing-Dynastie.** Die Kaiser waren ihr Leben lang von der Außenwelt abgeschnitten. Sie sollten sich hier auf die göttliche Bestimmung besinnen und inmitten von Harmonie und Ruhe ihre Rolle optimieren.

Die weite Anlage mit dem künstlich angelegten Kunming-See umfasst u. a. den „Hügel des langen Lebens", eine Vielzahl von Pavillons sowie diverse Hallen. Eine Brücke mit 17 Torbögen führt zur Südinsel mit dem **Drachenkönigtempel.** Ein 728 m langer Laubengang, dessen Decke alte Mythen und Geschichten zieren, führt durch den Palast und bietet Schutz vor Sonne und Regen. 8000 Gemälde schmücken den Gang und laden zum Verweilen ein.

808ts

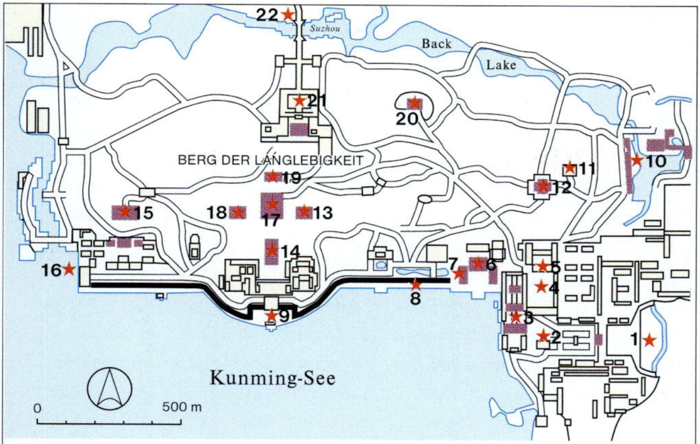

- ★ 1 Osttor
- ★ 2 Halle des Wohlwollens und der Langlebigkeit
- ★ 3 Halle der Jadewellen
- ★ 4 Garten der Tugend und der Harmonie
- ★ 5 Halle der Erheiterung
- ★ 6 Halle der Freude und der Langlebigkeit
- ★ 7 Den Mond einladendes Tor
- ★ 8 Wandelgang
- ★ 9 Schmucktor
- ★ 10 Garten der Harmonie und des Vergnügens
- ★ 11 Pavillon der Freude und der Landwirtschaft
- ★ 12 Pavillon der Großen Freude
- ★ 13 Drehbares Lager
- ★ 14 Halle zum Zerstreuen der Wolken
- ★ 15 Haus „Höre die Pirole"
- ★ 16 Marmorschiff
- ★ 17 Pavillon des Wohlgeruchs Buddhas
- ★ 18 Pavillon der Kostbaren Wolken
- ★ 19 Meer der Weisheit
- ★ 20 Pagode
- ★ 21 Reste des Sumeru-Tempels
- ★ 22 Alte Suzhou-Straße

057ts Abb.: pt

◀ *Dächer im Sommerpalast*

Boxeraufstand

Das Wort Boxer ist eine Übersetzung aus dem Chinesischen (Yi-he quan) und bedeutet so viel wie „Faustkämpfer für Recht und Einigkeit". Unter dieser Bezeichnung gab es Ende des 19. Jahrhunderts in China einen religiösen und fremdenfeindlichen Geheimbund. Er richtete sich unter anderem gegen ausländische Missionare, die chinesische Bauern zu bekehren suchten, das traditionelle Leben durcheinander brachten und neuartiges, fremdes Denken einführten. Besonders aggressiv gab sich der deutsche Priester Georg Stenz. Als dann die Industrialisierung Nordchinas die bäuerliche Landwirtschaft bedrohte, Naturkatastrophen Hunger und Elend brachten, loderte Hass gegen die Symbole fremden Reichtums, wie Industriebetriebe und Eisenbahnen, auf. Mit der Ermordung des deutschen Gesandten Klemens von Ketteler und der Besetzung des Pekinger Gesandtschaftsviertels im Juni 1900 wurde der Boxeraufstand ausgelöst, der durch alliierte Truppen niedergeschlagen wurde. 1901 wurden China im „Boxerprotokoll" Sühnebedingungen diktiert und das Reich zu ruinösen Schadensersatzzahlungen verpflichtet.

▼ *Eine klassische Bootstour - Touristenattraktion auf dem Kunming-See*

058ts Abb.: pt

Der **Bau** des Sommerpalastes begann 1153 und wurde über die Yuan-, Ming- und Qing-Dynastien bis zum Abschluss 1764 fortgesetzt. Folgt man dem Gang nach Westen, gelangt man zum bekanntesten Punkt des Palastes, zum Marmorboot. Es entstand bereits unter dem Qianlong-Kaiser, wurde aber unter der **Kaiser-Witwe Cixi** zum Raddampfer-Nachbau umgestaltet. Cixi, mit Mädchennamen Yehe Nara, kam mit 16 Jahren als niedere Konkubine an den Kaiserhof und wurde eine der wenigen einflussreichen Frauen in der Geschichte Chinas. Im Jahre 1888 ließ sie den 1860 als Demütigung des Kaiserhofes von Engländern und Franzosen zerstörten Palast mit dem Geld, das für die Modernisierung der Chinesischen Flotte vorgesehen war, instand setzen. Nach der Niederschlagung des ↗Boxeraufstandes 1900 wurde der Sommerpalast erneut geplündert und zerstört, so dass Cixi ihn 1903 wieder restaurieren ließ. Die mächtige Kaiserin versuchte „ihre" Sommerresidenz um jeden Preis zu erhalten.

Praktische Informationen

Tourenanbieter

Touren können in allen Hotels gebucht werden.

Übernachtung

- ***Jing Hua Fandian (Youthhostel),*** *Xilouyuannanli Str., Yongdingmenwei, Beeijing 100077, Tel. +86 (10) 67 22 22 11, Fax 67 21 14 55.*
- ***Qiao Yuan Hotel,*** *Yongdingmen, Tel. +86 (10) 63 03 88 61.*
- ***Yongdingmen Fandian,*** *Anlelinlu Str. 77, Tel. +86 (10) 67 21 33 44.*
- ***Bei Wie Hotel,*** *Xinlinglu Str. 13, Tel. +86 (10) 63 01 22 66.*
- ***Qianmen Fandian,*** *Yonganlu Str. 1, Tel. +86 (10) 63 01 66 88, Fax 68 01 38 83.*
- ***Long Tan Hotel,*** *Panjiayuan Nan Li, Tel. +86 (10) 67 71 16 02.*
- ***Hotel Taiwan,*** *Jinyn Hutong Wanguijing Dajie 5, Tel. +86 (10) 65 31 66 88.*
- ***Minzhu Hotel,*** *Fuxingmen Dajie, Tel. +86 (10) 66 01 44 66.*
- ***Palace Hotel,*** *Chongwenmenwai Dajie, Tel. +86 (10) 65 12 88 99, E-Mail: tph@peninsula.com*
- ***Hua Du Hotel,*** *Xin Yuan South Road Chao Yang District, Tel. +86 (10) 65 97 11 66, Fax 65 97 16 15, E-Mail: hdfd@HuaDuHotel.com.cn, Internet: www.huaduhotel.com.cn*

Gräber der Ming-Kaiser

Mit dem Besuch der Großen Mauer kann die Besichtigung der Ming-Gräber verbunden werden. Sie befinden sich ca. 45 km nördlich der Stadt und sind allein schon einen Tagesausflug wert. In der Ming-Dynastie herrschten 16 Kaiser, von denen 13 in diesen Gräbern bestattet wurden. Auch Kaiserinnen und Konkubinen fanden in der Anlage ihre letzte Ruhestätte.

Von 1409 bis 1427 wurde das **Changling-Mausoleum,** das größte und am besten erhaltenste der Ming-Gräber, errichtet. Die gesamte Anlage ist von einer zinnoberroten Mauer umgeben. Das Eingangstor zeigt nach Süden. Etwa 1 km südlich steht ein 12 m hoher Torbogen aus Stein. Er wird von sechs Säulen getragen und fünf Fußwege gehen von ihm ab. Nördlich verläuft der 800 m lange Heilige Weg, der von 24 großen steinernen Tieren und 12 steinernen Menschenfiguren gesäumt wird. Die Skulpturen sind paarweise aufgestellt. Elefanten, Löwen und mystische Tiere symbolisieren die kaiserliche Macht. Die steinernen Menschen stehen dort als Wächter und Diener der verstorbenen Kaiser.

059ts Abb.: pt

▶ *In der weiten Anlage gibt es manche stille Ecke*

060ts Abb.: pt

Die Gräber sind von einer zinnoberroten Mauer umgeben

Jedes der 13 Gräber liegt am Fuß eines Berges und ist von einer roten Mauer umgeben. Der **Aufbau** ist immer gleich. Dem Eingang folgt die Gedenkhalle, der Ort der Verehrung. Dahinter befindet sich der Erinnerungsturm, vor dem die fünf Heiligen Utensilien, eine Räucherpfanne, zwei Vasen und zwei Kerzenhalter, aus Stein aufgestellt sind.

Die Gräber Changling und Dingling sind restauriert und für Besucher geöffnet. Das **Dingling-Grab** wurde geöffnet und die Beigaben im Haupttempel des **Changling-Grabes** werden ausgestellt. Noch heute wird die große Lingsi-Halle vom Duft der edlen Nanmuhölzer, aus denen sie errichtet wurde, erfüllt. Zhu Di war ein großer Herrscher und mit ihm kam eine Periode des Wohlstandes. Dies symbolisiert nicht nur sein Grab, sondern auch die Verbotene Stadt, die während seiner Regierungszeit entstand. Das Dingling-Mausoleum lockt die Touristen mit alten über- und unterirdischen Relikten.

Die anderen Gräber werden seltener besucht. Sie sind zerfallen und die Wurzeln der Nadelbäume haben die Mauern gesprengt. Wer dem organisierten Massentourismus allerdings entgehen und in der Stille eigene Entdeckungen machen möchte, sollte auch einige der anderen Gräber besuchen.

008ts Abb.: pt

Anhang

Das russische Alphabet

Die russische Schrift kann durch Tansliteration oder Transkription ins Deutsche übertragen werden. In diesem Buch wird die transkribierte Umschrift verwendet.

Russisch		Transliteration	Transkription	Aussprache
А	а	a	a	
Б	б	b	b	
В	в	v	w	
Г	г	g	g	
Д	д	d	d	
Е	е	e	e	je
Ё	ё	ë	jo	
Ж	ж	ž	sch	stimmhaftes j wie Journal
З	з	z	s	stimmhaftes s wie Rasen
И	и	i	i	
Й	й	j	i	j
К	к	k	k	
Л	л	l	l	
М	м	m	m	
Н	н	n	n	
О	о	o	o	
П	п	p	p	
Р	р	r	r	
С	с	s	s	stimmloses s wie das
Т	т	t	t	
У	у	u	u	
Ф	ф	f	f	
Х	х	ch	ch	wie in ach
Ч	ч	č	tsch	
Ц	ц	c	z	z wie Zank
Ш	ш	š	sch	stimmloses sch wie schön
Щ	щ	šč	schtsch	
	ъ	“		Härtezeichen
	ы	y	y	
	ь	’		Weichheitszeichen
Э	э	é	e	offenes e
Ю	ю	ju	ju	
Я	я	ja	ja	

Das Zeichen ’ nach einem Konsonanten kennzeichnet dessen Palatalisierung (j-Erweichung): z. B. n’ wie in französisch *Cognac*.

Wichtige Redewendungen auf Russisch
(aus „Russisch – Wort für Wort“, Kauderwelsch Bd. 7, s. Seite 159)

ДА
da
ja

НЕТ
njet
nein

ГДЕ?
gedje?
Wo?

КОГДА?
kogda?
Wann?

СПОСИБО
spasibo
danke

ПОЖАЛУЙСТА
poshalsta
bitte

ЗДРАВСТВУЙТЕ!
Sdrastwujtje!
Guten Tag! (jede Tageszeit)

ДО СВИДАНИЯ!
Do-swidanja!
Auf Wiedersehen!

ХОРОШО!
Choroscho!
Gut! / In Ordnung!

ПЛОХО
plocho
schlecht

ПРИЯТНОГО АПЕТИТА!
Prijatnowo apetita!
Guten Appetit!

ИЗВИНИТЕ!
Iswinitje!
Entschuldigung!

НА ЗДОРОВЬЕ!
Na-sdarowje!
Zum Wohl! Prost!

Я НЕ ГОВОРЮ ПО-РУССКИ.
Ja nje goworju po-ruski.
Ich kann kein Russisch.

КАК ЭТО НАЗЫВАЕТСЯ ПО-РУССКИ?
Kak äto nasywajetsa po-ruski?
Wie heißt das auf Russisch?

НАПИШИТЕ МНЕ ЭТО.
Napischitje mnje äto.
Schreiben Sie mir das auf.

Я ХОЧУ К ...
Ja chotschu k ...
Ich möchte nach ...

СКОЛЬКО ЭТО СТОИТ?
Skolko äto stoit?
Wieviel kostet das?

У ВАС ЕСТЬ ...?
U was jest ...?
Haben Sie ...?

Wichtige Redewendungen auf Mongolisch

(aus „Mongolisch – Wort für Wort", Kauderwelsch Bd. 68, s. S. 159)

Tijmee. – Ügüj.	Ja. – Nein.
Bi medehgüj.	Ich weiß nicht.
Bajrlaa / Dsa!	Danke! / Ja, danke!
Ih bajrlalaa!	Vielen Dank!
Tschin setgeleesee bajrlalaa!	Herzlichen Dank!
Dsügeer!	Bitte! *(Antwort auf Danke)*
Uutschlaaraj!	Entschuldigung!
Tany ner hen be?	Wie heißen Sie?
Tschinij ner hen be?	Wie heißt du?
Minij ner ...	Mein Name ist ...
Sajn bajna uu?	Guten Tag! *(eine Person)*
Sajn, sajn bajna uu?	Danke, guten Tag! *(Antwort)*
Sajn bajtsgaana uu?	Guten Tag *(mehrere Pers.)*
Amarhan sajn bajna uu?	Guten Tag! *(zu älteren Pers.)*
Sonin sajhan juu bajna?	Was gibt es Neues?
Dsügeer, juumgüj dee.	Danke, nichts Besonderes.
Mend sajhan bajna uu?	Wie geht es Ihnen?
Tany lagschin tungalag uu?	Wie geht es Ihnen? *(zu Älteren)*
Dsügeer, sajhan!	Danke, ausgezeichnet.
Bi odoo jawahgüj bol bolohgüj.	Ich muss jetzt leider gehen.
Daraa bajartaj!	Auf Wiedersehen!
Sajn suudsh bajgaaraj!	Leben Sie wohl!
Sajn jawaaraj!	Gute Reise!

... haa bajna?	Wo ist ...?
... bajna uu?	Haben Sie ...?/ Ist ... da?
... bajna.	Ja, wir haben ...
Bajhgüj.	Nein, haben wir nicht.
... haanaas awtsch boloh we?	Wo kann man ... kaufen?
Ene jamar ünetej we?	Wie viel kostet das?
... jamar ünetej we?	Wie viel kostet ...?
Bi ... awah gesen jum.	Ich möchte ... haben.
Dsa, aw*ja.	Ja, ich nehme das.
Ta nadad ... ogootsch!	Bitte geben Sie mir ...!
Nadad ... üdsüüleetsch!	Zeigen Sie mir bitte ...!

Bi ... uumaar/idmeer bajna.	Ich möchte ... trinken/essen.
... ruu jaadsh otschih we?	Wie komme ich nach ...?
Bi dsamaasaa töörsön.	Ich habe mich verirrt.
Awtobusny dsogsool haa bajna?	Wo ist die Bushaltestelle?
... ruu jawah biljet jamar ünetej we?	Wie viel kostet die Fahrkarte nach ...?
Ene awtobus haaschaa jawah we?	Wohin fährt dieser Bus?
Minij ... owdodsh bajna.	Mir tut ... weh.

Ta juu genee? / Juu genee?	Wie bitte?
Ta juu gew?	Was haben Sie gesagt?
Dawtadsh helne üü?	Wiederholen Sie bitte!
Ta mongoloor jardag uu?	Sprechen Sie Mongolisch?
Bi mongoloor muu/dshaahan ojlgodsh bajna.	Ich verstehe Mongolisch (nur) schlecht / ein wenig.
Ta dshaahan udaanaar jar*na uu?	Sprechen Sie bitte langsamer!
Ene juu gesen üg we?	Was bedeutet dieses Wort?
Ene ügijg jadsh duudah we?	Wie spricht man dieses Wort aus?

haa?, haana?	Wo?
haaschaa?	Wohin?
haanaas?	Von wo?
dsüün gar tald	links
baruun gar tald	rechts
tschigeree	geradeaus
uragschaa	vorwärts
hojsch	zurück
end	hier
tend	dort
endees	von hier
tendees	von dort
naasch(aa)	hierher
tend, tijsch n	dorthin
naasch tsaasch	hin und her
end tend	hier und dort

hedsee?	Wann?
önöödör	heute
ödör bür	täglich
margaasch	morgen
nögöödör	übermorgen
örtschigdör	gestern
urdshigdar	vorgestern
udahgüj	bald
odoo – möd	jetzt – sofort
öglöö	morgens
üdes ömnö	vormittags
üd	mittags
üdees hojsch	nachmittags
oroj	spät, Abend
ert	früh
ödör – schönö	Tag – Nacht

Wichtige Redewendungen auf Chinesisch

(aus „Hochchinesisch – Wort für Wort“, Kauderwelsch Bd. 68, s. S. 159)

Yǒu. Ja. / Es gibt. 有	**Méi yǒu.** Nein./Es gibt nicht. 没有.
Má-fan nǐ ... Bitte ...! (Gefälligk.) 麻烦你...	**Qǐng!** Bitte ...! (Aufforderg.) 请...!
Xiè-xie! Danke! 谢谢!	**Má-fan nǐ-le!** Vielen Dank! 麻烦你了!
Bú kè-qi! Keine Ursache! 不客气!	**Bú yòng xiè!** Nichts zu danken! 不用谢!
Nǐ hǎo! Guten Tag! (jede Zeit) 你好!	**Nǐmen hǎo!** (mehrere Pers.) 你们好!
Hǎo ma? Wie geht es Ihnen? 好吗?	**Hěn hǎo.** Ausgezeichnet. 很好.
Shàng nǎ-li qù? Wo geht's denn hin? 上哪里去?	
Wǒ shàng jiē. Ich gehe auf die Straße. (als unbest. Antwort) 我上街.	
Huān-yíng huān-yíng! Willkommen! (sagt der Gastgeber) 欢迎 欢迎!	
Jìn-lái! Herein! 进来!	
Wǒ zǒu-le. Ich gehe jetzt. 我走了.	**Zài-jiàn!** Auf Wiedersehen! 再见!
Wǒ bù zhī-dào. Ich weiß nicht. 我不知道.	**Hǎo-de.** Gut. In Ordnung. 好的.
Gān bēi! Prost! 干杯!	
Qǐng suàn-zhàng! Die Rechnung, bitte. 请算帐!	
Duì-bù-qǐ! Entschuldigung! Es tut mir leid. 对不起!	
Méi guān-xi! Macht nichts! Keine Ursache! 没关系!	
Tài kě-xī-le! Schade! 太可惜了!	
Wǒ xū-yào yì zhāng fā-piào. Ich brauche eine Quittung. 我需要一张发票.	

我不会讲中文.
Wŏ bú huì jiăng zhōng-wén.
wo bu chui djiang dshung-wėn
ich nicht können sprechen Chinesisch
Ich spreche kein Chinesisch.

请再讲一遍.
Qĭng zài jiăng yí-biàn.
tjing dsai djiang yi-biän
bitten noch sprechen einmal
Wie bitte?

我没听懂.
Wŏ méi tīng-dŏng.
wo mäi ting-dung
ich nicht verstehen
Ich verstehe nicht.

有没有人会说英文?
Yŏu méi yŏu rén huì shuō yīng-wén?
you mäi you shėn chui schuo ying-wėn
haben nicht haben Mensch sprechen Englisch
Spricht hier jemand Englisch?

这个字是怎么发音的?
Zhè-ge zì shì zĕnme fā-yīn de?
dshė-gė dsi schi dsėnmė fa-yin dė
dies-Stück Zeichen sein wie Aussprache P
Wie spricht man dieses Wort aus?

这是什么意思?
Zhè shì shénme yì-si?
dshė schi schėnmė yi-ßi
dies sein welche Bedeutung
Was bedeutet das?

这个用汉语/英文怎么说?
Zhè-ge yòng hànyŭ / yīng-wén zĕnme shuō?
dshė-gė yung chanyü / ying-wėn dsėnmė schuo
dies-Stück gebrauchen Chinesisch / Englisch wie sprechen
Was heißt das auf Chinesisch / Englisch?

请你/您再讲一遍!
Qĭng nĭ/nín zài jiăng yí-biàn!
tjing ni/nin dsai djiang yi-biän
bitten du/Sie noch wiederholen ein-mal
Wiederholen Sie bitte!

请说慢一点.
Qĭng shuō màn yì-diăn.
tjing schuo man yi-diän
bitten sprechen langsam ein-wenig
Sprechen Sie langsamer!

你可以写一下吗?
Nĭ kĕ-yĭ xiĕ yí-xia ma?
ni kė-yi chiė yi-chia ma
du können schreiben ein-mal FP
Können Sie mir das bitte aufschreiben?

Literaturtipps

- Bednarz, Klaus: **„Die Ballade vom Baikalsee"**, München 1998. Das Buch beschreibt in beeindruckender Weise die Menschen und das Leben am Baikalsee.
- de Cars, Jean und Caracalla, Jean-Paul: **„Die Transsibirische Bahn"**, Zürich 1987. Wer sich mehr für die Geschichte der Transsib interessiert, findet hier Informationen und Fotos.
- Dalai Lama, XIV.: **„Das Auge einer neuen Achtsamkeit"**, München 1987. Das Buch gilt als Standardwerk für Verständnis, Wesen und Denken des tibetischen Buddhismus in der modernen Welt.
- Hapke, Andrea und Scheer, Evelyn: **„Altrussische Städte"**, Berlin 1998. Wer sich beispielsweise über Moskau und die Städte an den Ufern von Oka und Wolga informieren möchte, findet hier viel Interessantes.
- Krüger, Hardy: **„Sibirienfahrt"**, München 1985. Lesenswert, aber aus „einer anderen Zeit", beschreibt das Buch die Eindrücke des Globetrotters Krüger bei seiner Transsib-Reise von Chabarowsk nach Moskau.
- Schenk, Amelie: **„Die Mongolei"**, Dortmund 1994. Das Taschenbuch berichtet vom Leben der Mongolen heute. Eindrucksvolle Bilder porträtieren die Menschen und die Schönheit des Landes.
- Schenk, Amelie und Haase, Udo: **„Mongolei"**, München 1994. Das Buch gewährt Einblicke in die Natur und den Lebensraum der Mongolen sowie in die Kultur der Nomaden, den Schamanismus, den Buddhismus und aktuelle Probleme des Landes.
- Studienkreis für Tourismus und Entwicklung: **„Mongolei verstehen"**, Ammerland 2000. Wunderschöne Broschüre mit aktuellen Reiseinformationen, Texten zur Geschichte der Mongolei und aktuellen Situationsberichten.
- Troyat, Henri: **„Die Damen von Sibirien"**, Köln. Roman über Sophie, die Frau Nikolais, sowie die infolge des Dekabristenaufstandes 1825 ins sibirische Exil verbannten Adligen und revolutionären Intellektuellen.
- Ustinov, Peter: **„Ustinovs Russland"**, Düsseldorf 1988. Das Buch ermöglicht einen humorvollen Rückblick auf die Stationen von Moskau bis zum Baikalsee. Es wurde zwar vor der Wende verfasst, ist jedoch fast zeitlos.

Kauderwelsch!

Die **Sprachführer der Reihe Kauderwelsch** helfen dem Reisenden, wirklich zu sprechen und die Menschen zu verstehen. Wie wird das gemacht?

- Die **Grammatik** wird in einfacher Sprache so weit erklärt, dass es möglich wird, ohne viel Paukerei mit dem Sprechen zu beginnen, wenn auch nicht gerade druckreif.
- Alle Beispielsätze werden doppelt ins Deutsche übertragen: zum einen **Wort-für-Wort,** zum anderen in "ordentliches" Hochdeutsch. So wird das fremde Sprachsystem sehr gut durchschaubar. Ohne eine Wort-für-Wort-Übersetzung ist es so gut wie unmöglich, einzelne Wörter in einem Satz auszutauschen.
- Die **Autorinnen und Autoren** der Reihe sind Globetrotter, die die Sprache im Lande gelernt haben. Sie wissen daher genau, wie und was die Leute auf der Straße sprechen. Deren Ausdrucksweise ist häufig viel einfacher und direkter als z.B. die Sprache der Literatur. Außer der Sprache vermitteln die Autoren Verhaltenstipps und erklären Besonderheiten des Reiselandes.
- Jeder Band hat 96 bis 160 Seiten. Zu jedem Titel ist eine begleitende **TB-Kassette** (60 Min) erhältlich.
- **Kauderwelsch-Sprachführer gibt es für über 90 Sprachen in mehr als 150 Bänden!**

Weitere Titel siehe Seite 166.

Ferner Osten

Die praktischen Begleiter für die beliebtesten Reiseziele der Region – aktuell vor Ort recherchiert und mit großer Sachkenntnis geschrieben.

Andrea und Oliver Fülling

China Manual

792 Seiten, 150 Karten und Pläne, Chinesisch zum Draufzeigen

Andrea und Oliver Fülling

Chinas Norden – die Seidenstraße

648 Seiten, 112 Karten und Pläne, farbiger Kartenatlas, großer Farbteil

Oliver Fülling

Chinas Osten mit Beijing und Shanghai

648 Seiten, 80 Karten und Pläne, durchgehend illustriert

Fred Forkert, Barbara Stelling

Mongolei

432 Seiten, 21 Karten und Pläne, großer Farbteil

Werner Lips

Hongkong, Macau und Kanton

480 Seiten, 40 Karten und Pläne, durchgehend illustriert

Reise Know-How Verlag, Bielefeld

Praxis – die neuen handlichen Ratgeber

Wer seine Freizeit aktiv verbringt und moderne Abenteuer sucht, braucht spezielles Wissen, das in keiner Schule gelehrt wird. REISE KNOW-HOW beantwortet die vielen Fragen rund um Freizeit, Urlaub und Reisen in der Ratgeberreihe: „Praxis".

Helmut Schäfer
All inclusive?

Hanne Chen
Daoismus erleben

Roland Hanewald
Essbare Früchte Asiens

Hans Strobach
Fernreisen auf eigene Faust

Frank Littek
Fliegen ohne Angst

Gunter Schramm
Internet für die Reise

Helmut Hermann
Reisefotografie

Hans-Jürgen Fründt
Reisen und Schreiben

Harald A. Friedl
Respektvoll reisen

Matthias Faermann
Schutz vor Gewalt und Kriminalität unterwegs

Friederike Vogel
Sonne, Wind und Reisewetter

Jeder Titel:
144-160 Seiten, robuste Fadenheftung,
Taschenformat 10,5 x 17 cm,
Register und Griffmarken
Weitere Titel siehe Seite 166.

Praxis
Frank Littek
REISE KNOW-HOW
Angstfaktoren
Entspannungstechniken
Tipps für Notfälle
Psychologische Einstimmung
Sicherheitsregeln
Sichere Fluggesellschaften
Fliegen ohne Angst
Soforthilfe
Flugsicherheit
Flugtechnik

Praxis
REISE KNOW-HOW
Respektvoll reisen
Handeln
Geschenke
Armut und Betteln
Der Tourist als Mediziner?
Umweltschutz
Notwehrrechte
Nach der Reise

Praxis
Gunter Schramm
REISE KNOW-HOW
Internet für die Reise
Länderinfos
Veranstalter
Reiseinfos
Spezialreisen
Gesundheitsfragen
Transport
Unterkunft
Buchen und kaufen

Praxis
Matthias Faermann
REISE KNOW-HOW
Reale Gefahren zu Hause und unterwegs
Betrug und Diebstahl vorbeugen
Überfälle und Geiselnahme überleben
Mittel der Selbstverteidigung
Hilfe im Ausland
Schutz vor Gewalt und Kriminalität unterwegs
Gefahren erkennen
Gefahren vermeiden
Notfälle bestehen

Praxis
Helmut Hermann
REISE KNOW-HOW
Reise-fotografie
Fotografieren bei Hitze und Kälte
Menschen und Porträts
Architekturfotos

Praxis
Friederike Vogel
REISE KNOW-HOW
Wetterprognose
Wolkenbilder
Himmelsfarben
Wetterberichte
Sonne, Wind und Reisewetter
Wetterentstehung
Wetter in Europa und weltweit
Typische Wetterlagen
Klimazonen
Wettererscheinungen

Alle Reiseführer auf einen Blick

Reisehandbücher
Urlaubshandbücher
Reisesachbücher
Rad & Bike

Abenteuer
  Weltumradlung
Afrika, Bike-Abenteuer
Afrika, Durch
Agadir, Marrakesch
  und Südmarokko
Ägypten
Alaska ⇗ Canada
Algerische Sahara
Amrum
Amsterdam
Andalusien
Äqua-Tour
Argentinien mit
  Uruguay u. Paraguay
Äthiopien
Auf nach Asien!

Bahrain
Bali & Lombok
Bali, die Trauminsel
Bali: Ein Paradies
  wird erfunden
Bangkok
Barbados
Barcelona
Berlin
Borkum
Botswana
Bretagne
Budapest
Bulgarien

Cabo Verde
Canadas Westen, Alaska
Canadas Osten,
  Nordosten d. USA
Chile, Osterinseln
China Manual
Chinas Norden
Chinas Osten
Costa Blanca
Costa Brava
Costa de la Luz
Costa del Sol
Costa Rica
Cuba

Dalmatien
Dänemarks Nordseeküste
Dominikan. Republik
Dubai, Emirat

Ecuador und Galapagos
England – Der Süden
Erste Hilfe unterwegs
Europa BikeBuch

Fahrrad-Weltführer
Fehmarn
Föhr
Fuerteventura

Gardasee
Golf von Neapel,
  Kampanien
Gomera
Gran Canaria
Großbritannien
Guatemala

Hamburg
Hawaii
Hollands
  Nordseeinseln
Honduras
Hongkong, Macau,
  Kanton

Ibiza, Formentera
Indien – Der Norden
Indien – Der Süden
Irland
Island
Israel, palästinensische
  Gebiete, Ostsinai
Istrien, Velebit

Jemen
Jordanien
Juist

Kairo, Luxor, Assuan
Kalifornien, Süd-
  westen der USA
Kambodscha
Kamerun
Kanada ⇗ Canada
Kapverdische Inseln
Kärnten
Kenia
Korfu, Ionische Inseln
Krakau, Warschau
Kreta
Kreuzfahrtführer

Ladakh
  und Zanskar
Langeoog
Lanzarote
La Palma
Laos
Lateinamerika
  BikeBuch
Libanon
Libyen
Ligurien
Litauen
Loire, Das Tal der
London

Madagaskar
Madeira
Madrid
Malaysia, Singapur,
  Brunei

Reise Know-How

Mallorca
Mallorca, Reif für
Mallorca, Wandern auf
Malta
Marokko
Mecklenburg/Brandenburg: Wasserwandern
Mecklenburg-Vorpommern: Binnenland
Mexiko
Mongolei
Motorradreisen
München
Myanmar

Namibia
Nepal
Neuseeland BikeBuch
New Orleans
New York City
Norderney
Nordfriesische Inseln
Nordseeküste Niedersachsens
Nordseeküste Schleswig-Holstein
Nordseeinseln, Deutsche
Nordspanien
Nordtirol
Normandie

Oman
Ostfriesische Inseln
Ostseeküste Mecklenburg-Vorpommerns
Ostseeküste Schleswig-Holstein
Outdoor-Praxis

Panama
Panamericana, Rad-Abenteuer
Paris
Peru, Bolivien
Phuket
Polens Norden
Prag
Provence
Pyrenäen

Qatar

Rajasthan
Rhodos
Rom
Rügen und Hiddensee

Sächsische Schweiz
Salzburger Land
San Francisco
Sansibar
Sardinien
Schottland
Schwarzwald – Norden
Schwarzwald – Süden
Schweiz, Liechtenstein
Simbabwe
Singapur
Sizilien
Skandinavien – Norden
Slowenien, Triest
Spiekeroog
Sporaden, Nördliche
Sri Lanka
St. Lucia, St. Vincent, Grenada
Südafrika
Südnorwegen, Lofoten
Sylt
Syrien

Taiwan
Tansania, Sansibar
Teneriffa
Thailand
Thailand – Tauch- und Strandführer
Thailands Süden
Thüringer Wald
Tokyo
Toscana
Trinidad und Tobago
Tschechien
Tunesien
Tunesiens Küste

Umbrien
USA/Canada
USA/Canada BikeBuch
USA, Gastschüler
USA, Nordosten
USA – der Westen
USA – der Süden
USA – Südwesten, Natur u. Wandern
USA – Südwesten, Kalifornien, Baja California
Usedom

Venedig
Venezuela
Vereinigte Arab. Emirate
Vietnam

Welt im Sucher
Westafrika – Sahelländer
Westafrika – Küste
Wien
Wo es keinen Arzt gibt

Alle Reiseführer auf einen Blick

Praxis

All Inclusive
Canyoning
Daoismus erleben
Dschungelwandern
Essbare Früchte Asiens
Fernreisen auf eigene Faust
Fernreisen mit dem eigenen Fahrzeug
Fliegen ohne Angst
GPS Outdoor-Navigation
Hinduismus erleben
Höhlen erkunden
Inline-Skaten Bodensee
Inline Skating
Islam erleben
Kanu-Handbuch
Kreuzfahrt-Handbuch
Küstensegeln
Orientierung mit Kompass und GPS
Reisefotografie
Reisefotografie digital
Reisen und Schreiben
Respektvoll reisen
Richtig Kartenlesen
Schutz vor Gewalt und Kriminalität
Schwanger reisen
Selbstdiagnose und Behandlung unterwegs
Sicherheit im und auf dem Meer
Sonne, Wind und Wetter
Survival-Handbuch, Naturkatastrophen
Tauchen in kalten Gewässern
Tauchen in warmen Gewässern
Transsib – von Moskau nach Peking
Trekking-Handbuch
Vulkane besteigen
Wein Guide Deutschland
Wildnis-Ausrüstung
Wildnis-Backpacking
Wildnis-Küche
Winterwandern
Wracktauchen

Edition RKH

Burma – Reisen im Land der Pagoden
Finca auf Mallorca
Geschichten aus dem anderen Mallorca
Goldene Insel
Mallorquinische Reise
Please wait to be seated!
Salzkarawane, Die
Schönen Urlaub!
Südwärts durch Lateinamerika

KulturSchock

Ägypten
Brasilien
China
Golf-Emirate, Oman
Indien
Iran
Islam
Japan
Marokko
Mexiko
Pakistan
Russland
Spanien
Thailand
Türkei
Vietnam

Wo man unsere Reiseliteratur bekommt:

Jede Buchhandlung in der BRD, der Schweiz, Österreichs und in den Benelux-Staaten kann unsere Bücher beziehen. Wer trotzdem keine findet, kann alle Bücher über unseren Internet-Shop unter **www.reise-know-how.de** oder **www.reisebuch.de** bestellen.

Register

Die Buchstaben in Klammern bedeuten:
(C) = China,
(M) = Mongolei,
(R) = Russland.

Anhang

U

V

W

Z

FINNLAND
Helsinki
Barentssee
Karasee
St. Petersburg
Archangel'sk
Sew. Dwina
Konoscha
Workuta
Salechard
Taz
Jenissei
RUSSISCHE
Ob
Jaroslaw
Moskau
Kirow
Sergino
Nowgorod
Oka
Rjasan
Perm
URAL
Surgut
Nishnewartowsk
Jekaterinburg
Tjumen
Irtys
Samara
Ufa
Wolga
Tscheljabinsk
Omsk
Nowosibirsk
Kartaly
Ural
Orsk
Barnaul
Jertis
Wolga
Astrachan
Atyrau
Akmola
Semey
Karagandy
Aralsk
KASACHSTAN
Zajsan köli
Kaspisches Meer
Aktau
Aralsee
Balkasch
Syrdarja
TURKMENISTAN
USBEKISTAN
Krasnowodsk
Ürümqi
Taschkent
Amudarja
KIRGISTAN
Tarim He
Mashad
IRAN
AFGHANISTAN
Kabul
PAKISTAN
Indus
INDIEN
0
400 km

Ojenëk
Aldan
Ochotskisches Meer
Maja
FÖDERATION
Angara
Lena
SIBIRIEN
Vitim
Tynda
Komsomol'sk-na Amure
Amur
Tynda
Tschegdomyn
Svobodnyi
Chabarowsk
Jenissej
Baikalsee
Bratsk
Krasnojarsk
Tajšet
Amur
Argun
Songhua Jiang
Tschita
Ulan-Ude
Irkutsk
Sljudjanka
Manzhouli
Qiqihar
Harbin
Wladiwostok
Suche Baatar
Ulan Bator
Changchung
Shenyang
NORDKOREA
Pyongyang
MONGOLEI
Erlian
Jinzhou
Quinhuandao
Seoul
SÜD-KOREA
Gelbes Meer
Datong
Peking
(Beijing)
Kwangju
Huang He
CHINA
Zhengzhou
Shanghai
Baoji
Xian
Chang Jiang

219ts Abb.: pt

Die Autorin

Pia Thauwald, geboren 1965 in Sachsen, studierte Ökonomie in Magdeburg und BWL in Gießen. Heute lebt sie in Wetzlar und geht, wann immer es die Zeit zulässt, ihren Hobbys, dem Reisen und Fotografieren, nach. Schon in ihrer Jugend trieb sie das Fernweh in alle Staaten des damaligen Ostblocks bis nach Litauen und Rumänien. Heute erschließt sie sich weitere Länder und Kontinente. Ihre heimliche Liebe sind jedoch die Staaten der ehemaligen Sowjetunion geblieben. Die Autorin spricht seit dem neunten Lebensjahr Russisch und hat zwei Jahre lang als Dolmetscherin gearbeitet.

Zur Reiseschriftstellerei kam sie über das Fotografieren und die damit verbundene Faszination, den Augenblick, das Besondere und das Typische festzuhalten. Durch Ausstellungen, Diavorträge und Fotobände kam sie mit vielen Menschen in Kontakt, die mehr über ihre faszinierenden Reisen, Menschen und Geschichten erfahren wollten.